U0926033

防灾减灾/灾后重建与扶贫开发案例研究丛书

·汶川地震灾后贫困村恢复重建案例研究·

華中科技大學出版社

http://www.hustp.com

中国·武汉

国家出版基金
资助项目

汶川地震灾后贫困村恢复重建案例研究

陡嘴子村：参与式重建

Douzuizi Village: Participatory Development

黄承伟　王志丹　方向阳／著

图书在版编目(CIP)数据

陡嘴子村:参与式重建/黄承伟　王志丹　方向阳　著.—武汉:华中科技大学出版社，2012.12

ISBN 978-7-5609-8139-0

Ⅰ.陡…　Ⅱ.①黄…　②王…　③方…　Ⅲ.乡村-地震灾害-灾区-重建-研究-绵阳市　Ⅳ.D632.5

中国版本图书馆 CIP 数据核字(2012)第 131560 号

陡嘴子村:参与式重建　　　　黄承伟　王志丹　方向阳　著

策划编辑:曾　光
责任编辑:沈婷婷
装帧设计:刘　卉
责任校对:代晓莺
责任监印:张正林
出版发行:华中科技大学出版社(中国·武汉)
　　　　　武昌喻家山　　邮编:430074　　电话:(027)81321915
录　　排:华中科技大学惠友文印中心
印　　刷:湖北新华印务有限公司
开　　本:710mm×1000mm　1/16
印　　张:12.5　插页:2
字　　数:240 千字
版　　次:2012 年 12 月第 1 版第 1 次印刷
定　　价:29.80 元

内容提要

贫困村灾后重建与可持续发展离不开扶贫政策的激励和村庄本土的参与。相对于持续、稳定、统一的国家扶贫政策而言，不同贫困村的本土参与程度、内容、方式都不相同。陡嘴子村作为一个灾后重建的样本，其村庄本土参与方式体现了国家的政策与村庄内部参与相结合的特点。具体而言，陡嘴子村灾后重建与可持续发展主要有以下两个特点。第一，村庄恢复重建与发展的“参与式”过程贯穿始终。以村庄为单位、农户为核心的“参与式”重建，完成了村庄灾后重建与减贫项目计划、实施、监督等过程，并体现出了农房重建资金运作、村庄基础项目整合、能源与环境项目功能整合等特点。第二，政策下乡与交流机制的有益探索。通过贫困村的划定，确定国家级灾后重建示范村，通过政策反馈与部门协调的方式，使得村庄重建直接与政策决策层面进行互动，避免了政策下乡过程中的时间延迟等困境，同时提高了政策实施效果。

Abstract

Post-disaster reconstruction and sustainable development of poor villages cannot be done without the incentive of pro-poor policies and the villagers' direct participation. Compared to national pro-poor policies which were sustained, stable and integrated, the degree, content and patterns of the villagers' direct participation were different from one village to another. The participation pattern of village of Douzuizi, which was an example of post-disaster reconstruction, reflected the combination of national pro-poor policies and villagers' direct participation. Specifically, the characteristics of the course of post-disaster reconstruction and sustainable development of Douzuizi are as follows. Firstly, The village directly participated in the entire course of its own recovery and development. Participatory reconstruction with villages as the basic unit and villagers as the center finished the planning, implementation, supervision, etc, of post-disaster reconstruction and pro-poor projects, and characterized fund operation of house-rebuilding, integration of village's infrastructure projects, and energy-ecological combination, etc. Secondly, valuable exploration on countryside policy and policy interaction between policy maker and countryside. According to the delineation standard, Douzuizi was awarded as a national pilot on village reconstruction. By policy feedback and inter-sector coordination, the information of village reconstruction could be reported to the policy makers directly, which prevented some defects such as time-lagging, and improved the efficiency of policy implementation.

总序

2008年5月12日14时28分，中国汶川发生里氏8.0级特大地震，数万同胞在灾害中不幸遇难，许多家庭失去世代生活的家园，经数十年辛勤劳动积累的财富毁于一旦。面对突如其来的巨大灾难和恢复重建的巨大任务，在党中央、国务院和中央军委的领导下，全党全军全国各族人民众志成城，灾区广大干部群众奋起自救和恢复重建，国内各界和国际社会积极施援，经过不到三年时间的共同努力，抗震救灾和恢复重建取得重大胜利，创造了历史性的奇迹。

汶川特大地震发生以后，扶贫系统积极参与抗震救灾，并根据国家的统一部署，及时组织编制了《汶川地震贫困村灾后恢复重建总体规划》，纳入了国家恢复重建总体规划和农村建设专项规划。随后，国务院扶贫办设立专门工作机构，分三批开展了100个贫困村灾后恢复重建试点；按照三年重建任务两年基本完成的要求，指导、协调、帮助、督促四川、甘肃、陕西三省扶贫系统整合资源、有序有力地推进国家重建规划区内4 834个贫困村灾后恢复重建工作；全面应用参与式方法发动群众主动重建家园，开发建立监测管理系统，加强各级干部及社区能力培训，开展国际合作，创新重建模式，不断实践和探索防灾减灾、灾后重建与扶贫开发相结合的机制，完成预定任务。

汶川地震灾后贫困村恢复重建取得了显著成效，主要集中体现在：激发了贫困村恢复重建的内部活力，增强了贫困人口重建与发展的信心；明显改善了贫困村基本生产生活条件，为其可持续发展打下基础；改进了系列专题培训交流活动的方式，有效提高了扶贫系统及村级领导组织恢复重建的能力；完善了参与式贫困村灾后恢复重建规划编制与实施管理体系，展示了扶贫系统的工作特点和能力；探索了灾后贫困村的多部门参与重建机制，积累了初步的经验；开展了相关专题总结和研究，促进了经验的广泛分享与交流；倡导了防灾减灾、灾后重建与扶贫开发相结合的理念和意识，创新性地实践了具体结合的方式；贫困村恢复重建构成了汶川地震灾后恢复重建的重要组成部分，其完成为总体重建目标的实现作出了积极贡献。汶川地震灾后贫困村恢复重建工作及其效果得到了国务院领导的充分肯定、有关部门和三省（四川、甘肃、陕西）各级党委政府的大力支持以及贫困灾区广大干部群众的由衷称赞。

实践证明，扶贫系统参与贫困村灾后恢复重建，是党中央、国务院交给的光荣任务，是贯彻落实中央领导同志"把灾后重建与扶贫开发相结合"指示精神的具体行动，是受灾贫困地区干部群众的迫切愿望。它不仅展示了扶贫系统的工作能力和水平，还拓展了扶贫工作的新领域，是扶贫系统贯彻落实科学发展观的具体体现。

在汶川地震灾后贫困村恢复重建进程中，四川、甘肃、陕西三省，以及4 834个列入规划的贫困村所在的各市（州）、县（市、区）扶贫系统，立足本地实际，积极开拓创新，与乡村干部群众一起，总结了一批效果明显、得到各有关方面充分肯定和积极评价、对于开展相关经验交流具有代表性的贫困村灾后恢复重建典型案例。

为了更好地对这些典型案例进行深入总结研究，进一步探索汶川地震受灾地区后重建时期可持续发展的有效经验，有力有序地推动灾害风险管理与减贫理论方法研究的工作，国务院扶贫办贫困村灾后重建工作办公室与联合国开发计划署（UNDP）根据双方合作的"中国灾后重建暨风险管理项目"2010年度项目计划安排，于2010年8—12月设计和实施了"汶川地震灾后贫困村恢复重建案例研究"项目。2010年9月11—12日，在成都召开的"灾害风险管理与减贫理论方法研讨会"上，专题讨论了本项目方案。经国务院扶贫办批准，本研究项目从2010年10月开始，到2011年底完成。北京师范大学、中央民族大学、华中师范大学、四川农业大学、四川民族大学的50多位教授、研究生承担了本研究项目。

本研究项目的主要内容是：从100个开展灾后恢复重建的试点贫困村中选取37个村进行案例研究，其中，7个村作为研究型案例，进行深度研究，30个村作为总结型案例，对其做法、经验、问题、挑战、启示等方面进行全面总结。

本套丛书就是由该研究项目的成果整理而成的。组成丛书的10种书分为三个部分。第一个部分是7个研究型案例报告。这是在前期资料和数据积累的基础上，综合监测评估结果、恢复重建效果、代表性、经验可借鉴性等多方面因素，选取7个试点村进行深度案例总结的成果。每位案例报告的作者按照案例研究的范式，通过深入访谈、问卷调查，并结合已有研究成果，采取定量和定性相结合的方式，对村落地震前发展状况、灾害紧急应对、灾后恢复重建等进行全过程记录、描述、分析和总结；重点深入剖析案例村灾后恢复重建的主要思路、成功要素以及面临的机遇和挑战；最终揭示其核心经验价值。每个村突出了1～2个具有特色的做法和经验，自成一体，形成完整的研究专著。第二个部分是包含30个总结型案例研究报告的《贫困村灾后重建案例报告选集（上、下）》。这是对四川、甘肃、陕西三省扶贫系统确定的具有代表性的30个灾后恢复重建贫困村开展总结性案例研究的成果。第三个部分是在上述深度研究型案例和总结型案例的基础上进行归纳和比较分析，并结合研究者亲历恢复重建工作过程中的思考和反思，最终形成的《汶川地震灾后贫困村恢复重建案例研究概论》。

本套丛书以案例研究方法为主，全面展示了汶川地震灾后贫困村恢复重建的过程、做法、成效、经验及模式，尝试探索了防灾减灾、灾后重建与扶贫开发相结合的机制模式。希望以本丛书与国内外各界关注、关心中国减贫事业的研究者、实践者共勉，继续丰富我国社区灾害风险管理与减贫的理论和实践知识，继续为将推动灾害风险管理纳入我国扶贫开发战略和政策体系作出积极贡献。

国务院扶贫开发领导小组副组长、办公室主任

范小建

2012年11月

目录

Contents

DAOYAN...

导言

2008年5月12日14时28分，北纬30.986°，东经103.364°发生了里氏震级8.0级，矩震级7.9级，震中烈度为11级的大地震。四川省大部分地区遭受了严重的地震灾害。相关统计数据显示：5·12地震共造成四川省死亡68 636人，失踪17 516人，受伤近370 000人。地震给当地居民住房、公共基础设施造成了巨大破坏，据统计，全省农村倒塌房屋1 606 430户，面积194 932 249平方米，损坏房屋1 869 583户，面积226 864 544平方米；学校、医疗卫生单位受损严重；地震和次生灾害毁损耕地187.47万公顷，占全省耕地总面积的31.51%；公路全毁8 202千米，局部毁损10 361千米；受损的乡村供水设施36.76万处，受影响人口973.26万人；水利设施毁损2 077处，震损灌溉渠道3.04万千米，石河堰1 408处，病害水库险情加剧；电力、通信、市政设施等受损严重，工农业生产受到严重影响，直接经济损失达10 000亿元以上。① 地震发生之后一小时内，政府立即组织开展营救工作，各地纷纷伸出援助之手。截至2009年4月30日，汶川地震灾区共接受国内外捐款659.96亿元，捐赠物资折合人民币107.16亿元。② 同时，灾区人民开展了自救和重建工作。在外界援助的支持和配合下，灾区人民积极投入灾后恢复与重建工作。由此可见，救灾与重建工作得到了外界的大力支持。

相对外界的大力支持和帮助，受灾地区，特别是受灾的农村地区也在灾害面前表现出了极大的重建信心和努力。正是在村庄内部的积极重建信心和重建努力之下，受灾贫困村把握住了灾后重建的发展机遇，实现了灾后重建与减贫发展的双重效果。

但是，对于贫困村而言，灾后重建需要付出更多的努力。根据资料显示：在国家规划区内的四川省39个极重、重灾县中，有2 117个贫困村和399个因灾返贫村，共2 516个贫困村遭受到了严重的地震灾害损失，据统计，地震

① 四川省扶贫办：《全国贫困村灾后恢复重建试点总结暨培训会议经验交流材料之四川省贫困村灾后恢复重建试点工作情况》，2010年3月。

② 卫敏丽：《民政部：汶川地震共接受捐款659.96亿》，新华网，2009年5月11日，网址：http://news.xinhuanet.com/politics/2009-05/11/content_11353751.htm。

共导致这 2 516 个贫困村的 69.8 万农户受灾，死亡 5 564 人，农户住房倒塌 142.5 万间，毁损耕地 30.7 万亩（1 亩＝666.7 平方米）、林地 80.3 万亩，毁损灌溉渠道 4 794 千米、山坪塘 25 814 口、水库 117 座、灌溉蓄水池 11 848 口、石河堰 538 处、提灌站 1 320 处、人饮供水站 1 574 处、人饮管道 12 242 千米、人饮池 8 836 口、人工井 22 517 口，毁损村级公路 7 135 千米、组道（组级公路，村民称社道）9 349 千米、入户路 8 924 千米、桥 1 021 座，毁损沼气池 45 184口、节能灶 24 669 个、太阳能 5 410 套，毁损有线电视 103 627 户、固定电话 57 555 户，毁损高压线路 2 130 千米、低压线路 10 894 千米、变压器 1 967台，毁损农村小学 562 所、遇难教师 44 人，毁损村卫生室 1 091 处、遇难医生 22 人，毁损商业网点 2 143 处。[①] 由于震前贫困村的基础设施差、村民抵抗灾害的能力弱，因此受到灾害的剥夺更为彻底。在震后重建过程中，由于资源禀赋弱，重建工作难度更大，重建恢复时间更长，因此，贫困村的灾后重建需要在村民内部积极重建基础上通过外部的资金和技术援助才能完成。受灾贫困村——陡嘴子村是四川省绵阳市游仙区的一个贫困村，地震给这个村子带来了巨大的损失。

一、研究目标与理论框架

（一）研究目标

本书主要通过对陡嘴子村灾后恢复重建过程的考察，探讨贫困村灾后重建中积累的成功经验与实践模式。2008 年 5 月 12 日的大地震给灾区造成了巨大损失，对村民的生活与生产的破坏也很大。但是灾后得到了我国政府与社会，还有国际社会的关注与帮助。通过村庄自主重建、村民积极参与重建，加上外部资金与技术的支持，陡嘴子村这个震前的贫困村在资源匮乏的情况下重建取得了显著的效果。因此，本书通过对陡嘴子村灾后重建过程的考察，探索贫困村灾后恢复重建的成功经验。

探索陡嘴子村在灾后恢复重建之中的本土参与特色是本书的研究目标之一。首先贫困村的村民参与恢复重建的积极性很高，在受到严重灾害的打击之后不仅能够迅速重振信心重建家园，并且能够在逆境中激发出生存的欲望与发展的渴望。其次，贫困村的恢复重建与扶贫工作得到了政府的大力支持，得到来自政府的很多资源（资金、政策），同时也融合了多方面的资源与帮助，

① 四川省扶贫办：《全国贫困村灾后恢复重建试点总结暨培训会议经验交流材料之四川省贫困村灾后恢复重建试点工作情况》，2010 年 3 月。

包括政府组织、社会组织、UNDP(联合国开发计划署)等方面的资源。本书从参与式的视角入手,通过村庄本土参与与社区发展能力的模型,探讨陡嘴子村在灾后重建与可持续发展中的参与情况。

政府灾后恢复重建与扶贫关注点发生了变化,从单纯关注绝对贫困到关注相对贫困,从单纯的救济扶贫向多元化的规模扶贫、整体扶贫,关注基础设施建设、提高主体参与性和劳动技能的综合、动态扶贫、开发式扶贫的转变。通过个案研究确立减贫减灾过程中的反馈与评估模式,以此强化在扶贫过程中对贫困村扶贫政策和减贫减灾投入的效益分析。在此基础上,探索出一套以减贫减灾为目标的政策运行模式也是本书的目标。政府的政策是保证灾后重建顺利进行的资源和环境。外部援助的介入对灾后重建的政策制定、评估、反馈等环节都有很大的作用,本书进行了有益的探索,初步形成了政策的制定-反馈的两性循环模式,这也是本书的目标。村庄灾后恢复的经验总结与反思是所有关于贫困村灾后重建研究的目标,通过对贫困村灾后重建中的项目设计、动员组织、资源整合等灾后重建恢复行动,总结出有益的经验,以用于今后的灾害恢复与灾害预防。

除此之外,还要分析气候环境的变化、自然灾害及其次生灾害、地理条件对农户恢复重建与贫困消除的影响,特别是自然灾害对恢复重建与贫困消除的影响,如余震、干旱甚至是全球气候变化对农户重建恢复与农业生产的影响。

(二)研究框架

本个案研究主要基于对贫困村在灾后恢复重建中的两个层面的参与角度进行考察(见图 0-1)。

一是宏观层面的政策角度,其包含了陡嘴子村灾后重建的所有外部资源。因为这些资源进入村庄必须通过政策路径,所以都包括在政策角度中。对灾后重建的政策角度的考察主要从政策制定—政策执行—政策评估—政策反馈的路径出发,考察灾后重建中"政策下乡"和"政策回馈"情况。政策制定具有原则性与统一性的特点,因此在政策进入乡村重建过程中面临与"土政策"整合的问题。因为政策具有单一性、多变性、冲突性、扭曲性等特性[①],乡土社会秩序会对政策的执行产生影响,在执行方式上会有变通、修正或是难以落实的困境,在执行结果上则可能与政策设计的初衷相去甚远。陡嘴子村灾后重建过程中"政策下乡"取得了很好的效果,其原因主要有以下两点。第一,村庄参

---

① 徐勇:《"政策下乡"及对乡土社会的政策整合》,当代世界与社会主义,2008 年第 1 期。

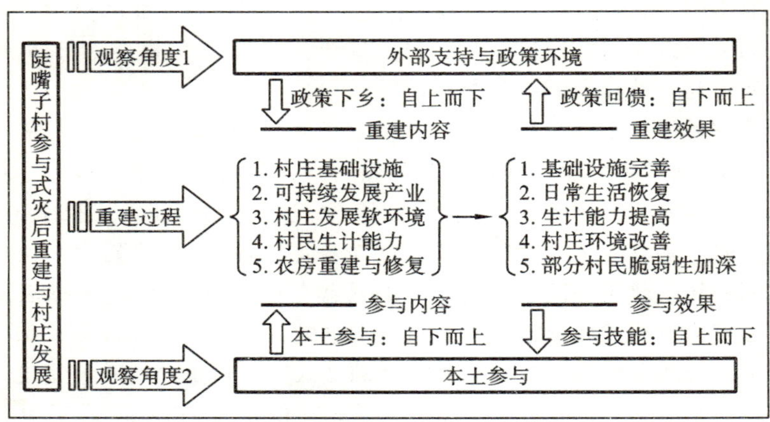

图 0-1　个案研究框架

与式发展对“政策下乡”具有积极的促进作用。村庄的参与程度较高，参与方式多样化及村庄政策的实施主体责任心较强等都影响着重建政策在村庄的执行效果。第二，独特的政策交流机制保障。通过地方扶贫办和 UNDP 项目地方办公室的促进和推动，将中央部委的灾后重建资源直接与村庄重建进行对接，通过相关的项目交流和常规化的评估活动，将村庄建设情况反映到国务院扶贫办及其贫困村灾后重建办公室。此外，村庄的干部也通过参加由 UNDP 项目地方办公室提供的交流平台，交流重建经验，提高村干部的能力。

二是村庄本土参与式的角度。村庄灾后重建的本土参与从村民房屋重建与修复、村庄基础设施建设参与、村庄发展事务讨论、村庄发展的软环境建设等方面来评估陡嘴子村参与式发展的特点。需要明确的是，村庄社会结构已经趋向于个体化、“原子化”，因此村庄公共事务的村民参与情况受到村庄留守人员结构和相关利益的影响较大。而在地震灾害特别是重大地震灾害的影响下，村庄的参与情况会受到村民灾害经历、情绪、重建过程中的政策激励的影响而发生较大的变化，本研究就是基于这样一个契机，才能够观察到村庄在参与式扶贫和重建中的积极景象。因此，本研究通过对参与式过程的考察，对村民的参与式过程进行定性式的评估，然后总结村庄本土参与的基本特点和影响因素。

本个案的研究框架主要是基于陡嘴子村灾后重建的主要特点——参与式重建——而进行的设计。但是在实际的田野调查中，利用了外部资源及政策促进村庄灾后重建的视角和村庄本土参与的视角来观察村庄的灾后重建过程。而从村庄重建的过程和效果来看，这两个视角不仅涉及同样的重建内容，而且在功能上相互促进，即村庄本土参与程度较高的社区能够更好地发挥灾害重建政策的功能，达到“政策下乡”的理想状态；村庄本土参与重建，能够在外部资源和政策援助的情况下，形成良好的重建“资本”，不仅可以促进村民参与灾后重建，还会提升村民的参与能力。因此，政策观察的视角与本土参与观察的视角在观察的内容上重合，在功能上相互促进。

二、研究方法与研究过程

根据研究的目标，本研究采取的主要方法包括结构访谈、田野调查、问卷调查与文献资料研究等方法，需要通过将这些研究方法综合起来达到通盘了解与个别深入的综合。

结构访谈是研究者收集资料的重要方法，是研究者“寻访”、“访问”被研究者并与其进行“交谈”与“询问”的一种活动。本研究通过对 30 个个案的深度结构访谈，了解被访者地震之后住房重建、生活生产等情况。一方面，通过深度访谈收集陡嘴子村村民在震前、震后及目前的生活生产等客观情况，了解灾后村民参与住房重建与基础设施建设的情况。另一方面通过走访相关村干部、乡干部、扶贫办干部、UNDP 官员及 NGO(非政府组织)组织，了解外部资源参与陡嘴子村灾后恢复的情况及互动模式。

田野调查是人类学的重要研究方法，其方法的要义就是通过研究者在研究对象生活的地方生活，以被研究者的视角与思维方式来了解被研究者。主要是通过参与观察法来进行。参与观察法是一种观察者和研究对象相互接触和直接体验的收集资料的方法，参与观察法是获得真实资料的重要途径。本研究通过参与村民的文化生活、NGO 的活动、日常生活等活动，丰富、完善访谈所收集到的信息，对研究资料起到了去伪存真的作用。

问卷调查是通过问卷的形式，对经过科学抽样的调查群体进行科学调查的一个过程。本研究通过发放问卷的方式将村民在地震前后的生活与生产情况进行量化比较，分析地震对生活与生产的影响。

本研究所采用的数据分别来自：由华中师范大学社会学院实施的 2009 年贫困村(陡嘴子村)灾后重建评估的数据、2010 年贫困村(陡嘴子村)灾后重建评估的问卷调查数据；2009 年 11 月—2009 年 12 月住村观察的调查数据和访谈资料；2009 年 4 月 3 日由张洪英、刘彬钰、杨理崙、Collin、张卫、刘治敏完成的《绵阳市游仙区陡嘴子村参与式脆弱性分析与规划报告》等三部分的调查材料。

其中，住村观察阶段为：进入被调查地点—结构访谈—参与观察—问卷调查—以结构访谈的研究方式进行研究。具体的研究过程分为以下三个阶段。

第一阶段——研究准备阶段。研究人员到达绵阳之后，通过与 UNDP 官员进行交流，了解UNDP减灾办公室的一般工作流程及对陡嘴子村灾后恢复重建所做的工作，并通过与绵阳市扶贫办、绵阳市游仙区扶贫办官员沟通，了解陡嘴子村基本情况与灾后恢复重建情况。在此期间与扶贫办官员、住建部（中华人民共和国住房和城乡建设部）官员进入陡嘴子村，观察住建部对于陡嘴子村太阳能资源使用的技术支持并参与资金支持项目的商讨。

第二阶段——田野调查阶段一。进入陡嘴子村，入住农户家，开始田野调查。通过对陡嘴子村7个村民小组进行随机抽样，对农户进行结构访谈，了解7个村民小组的生产情况、受灾与农户住房重建的基本情况，并与陡嘴子村所在的白蝉乡的乡长进行结构性访谈。

第三阶段——田野调查阶段二。田野调查阶段一结束后返回绵阳市，用2天时间制作问卷，并与UNDP官员商讨研究进展，听取UNDP官员对于本研究的建议，然后同北京大学环境项目组返回陡嘴子村，参与观察贫困村灾后恢复重建的环境规划测量。

由于本研究所采用的是陡嘴子村上述三个阶段的资料和数据，所以有必要对这三个阶段的调查数据和田野调查的统一性与延续性进行说明。前面已经明确本研究有关陡嘴子村灾后重建发展三个阶段的问卷调查数据。其中有两个阶段的调查数据是2009年和2010年“汶川地震灾后试点贫困村恢复重建年度综合评估”之陡嘴子村的调查数据（见图0-2）。这两个阶段的评估都是同一研究机构在同一背景下连续进行的，因此这两个阶段的数据具有高度的一致性和连续性。第三个阶段的调查数据是2009年11月—12月在陡嘴子村实施田野调查时进行抽样调查所得到的数据，本次调查的问卷是在2009年第一次灾后重建评估的问卷的基础上制作的，所要获取的信息与评估调查具有一定的延续性和补充作用。因此这三个阶段的问卷调查数据具有一定的延续性，不存在数据之间相互矛盾的问题。

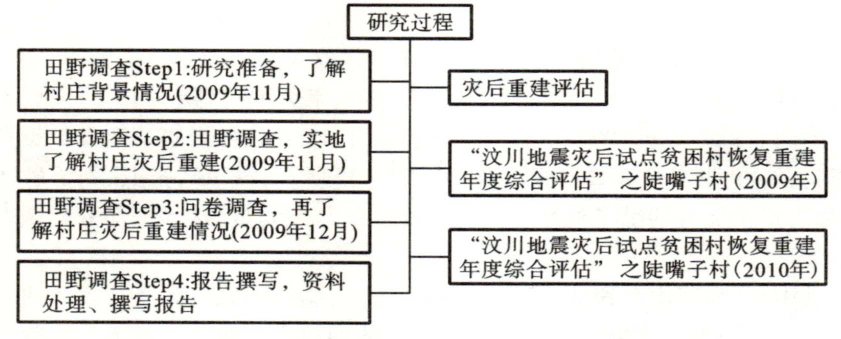

图0-2　研究过程

三、样本基本状况

陡嘴子村村委会提供的相关资料显示，陡嘴子村共计一般户 81 户，建档贫困户 12 户，因灾返贫户 139 户，低保户 15 户，特重灾户 11 户。在灾后重建的划定中，有 114 户为加固户，133 户为重建户。这些构成了陡嘴子村灾后重建的基本社会结构。如表 0-1 所示。

表 0-1　陡嘴子村农户重建与贫困基本情况(2009 年 12 月)

		村民小组							共计
		1 组	2 组	3 组	4 组	5 组	6 组	7 组	
家庭类型	一般户	15	17	6	9	8	5	21	81
	建档贫困户	2	1	3	0	2	0	4	12
	因灾返贫户	25	16	13	22	15	13	35	139
	低保户	6	2	1	3	1	1	1	15
	特重灾户	5	1	1	2	0	1	1	11
	说明：以上分类为非互斥分类								
加固重建	加固户	24	16	10	15	8	7	34	114
	重建户	22	20	13	18	18	12	30	133
	小计	46	36	23	33	26	19	64	247

本研究所采用文献、数据资料分别是经三次问卷调查和一次田野调查获得的。每个数据的样本情况分别如下。

(一) 一周年灾后重建评估

一周年灾后重建评估是由国务院扶贫办贫困村灾后恢复重建办公室和 UNDP 资助的，由华中师范大学社会学院于 2009 年 4 月实施的贫困村灾后重建评估，评估的村庄中包含了陡嘴子村。共计回收问卷 68 份。其中男性被访者占 47.1%，女性被访者占 52.9%。有20.6%的被访者的房屋完全受损，57.3%的被访者的房屋大部分受损，22.1%的被访者房屋只有小部分受损(见表 0-2)。

表 0-2　住房损失(2009 年 4 月)

	频次	百分比	累计百分比
完全受损	14	20.6	20.6
大部分受损	39	57.3	77.9
小部分受损	15	22.1	100.0
合计	68	100.0	—

四川省规定平均补助标准为每户 2 万元，根据受灾农户的经济状况和家庭人数实行分类分档补助，对不同人口家庭适当加以区别，对建卡绝对贫困户和低保户这两类困难农户给予适当照顾：一般农户 1～3 人家庭补助 1.6 万元，4～5 人家庭补助 1.9 万元，6 人及以上家庭补助 2.2 万元；困难农户 1～3 人家庭补助 2 万元，4～5 人家庭补助 2.3 万元，6 人及以上家庭补助 2.6 万元。家庭类型和家庭结构影响着一个家庭得到的重建补助款的数额。但是对于农户在农房重建中的支出总额而言，政府对农户的住房重建补助仍然显得不足。

（二）两周年灾后重建评估

两周年灾后重建评估是由国务院扶贫办贫困村灾后恢复重建工作办公室和 UNDP 资助的，由华中师范大学社会学院于 2010 年 7 月实施的贫困村灾后重建评估，评估的村庄中包含了陡嘴子村。此次评估共计回收问卷 80 份。其中男性被访者占 38.8%，女性被访者占 61.2%。这一时期，村庄重建接近尾声，住房重建基本上已近完成，68.5%的被访者已经入住，14.8%的被访者已经完成但尚未入住(见图 0-3)。家庭男劳动力大都外出务工，因此女性被访者多一些。

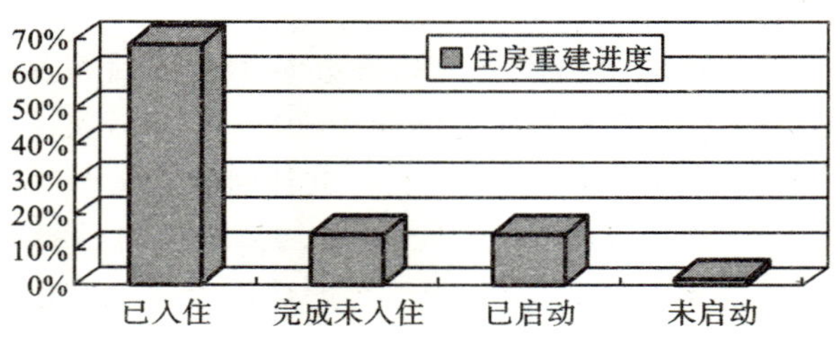

图 0-3　住房修建情况(2010 年 7 月)

（三）田野调查

2009 年 11 月—12 月住村观察共计访谈 31 户，其中因灾返贫户 22 户，特重灾户 5 户，一般户 3 户，低保户 6 户，其中有 6 户既是因灾返贫户又是特重灾户或是低保户和建档贫困户。共计回收问卷 39 份，其中有 46.2%的被访者为因灾返贫户，19.2%的被访者为特重灾户，23.1%的被访者为低保户，11.5%的被访者为建档贫困户（见图 0-4）。

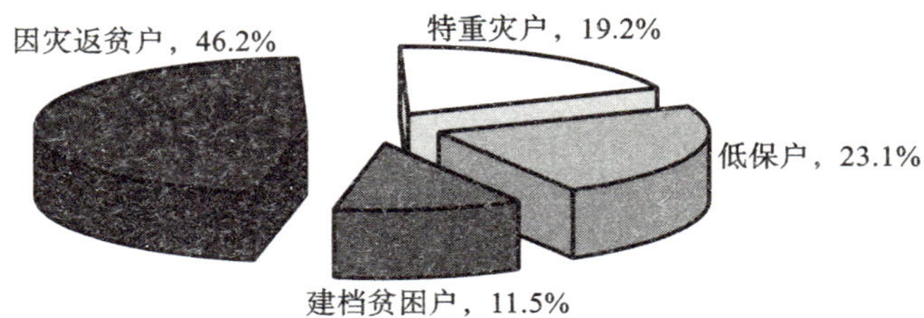

图 0-4　问卷样本结构（2009 年 11 月—12 月）

第一章

地震前的状况：历史与发展

村庄基础设施建设滞后、农户收入不高、村庄环境较差、农户住房条件很差，这些词语被用来描述震前陡嘴子村的基本情况。震前，陡嘴子村发展缓慢，村庄发展容易受到自然条件的影响，缺乏村庄经济发展支撑产业，虽然距离绵阳市不远，但是缺少外部经济投入且没有村庄特色的规模经济，农户经济收入较低，打工收入是主要的收入方式。

第一节 陡嘴子村的基本情况

陡嘴子村是四川省绵阳市游仙区白蝉乡八个村子中的一个村，在村子老年人的记忆中叫二村，后来因村庄靠近陡嘴子山而得名陡嘴子村。陡嘴子村地处白蝉乡西北面，与白蝉乡场镇相邻，距中国绵阳科技城 41 千米。东接游仙区的玉河镇，西与该乡的老鹰窝村接壤，南与该乡的白蝉寺村交界，北与本区梓棉乡的四、六村相邻。陡嘴子村到绵阳市区的交通状况相对西部很多村庄而言较好，尽管到绵阳市的道路状况非常不好，但是距离不远。

一、绵阳市基本情况

陡嘴子村属于四川省绵阳市。绵阳建城已有二千多年的历史，是座名副其实的历史文化名城。绵阳市境历史上最早的县以上政区为汉高祖六年（公元前 201 年）建置的广汉郡。绵阳因城市地处绵山之南，民国 2 年（1913 年）按“山南水北”为“阳”的古义，取名绵阳。新中国成立后，1950 年 1 月 20 日，以绵阳县为治地建绵阳专区，仍辖民国时期所设 10 个县；1992 年 10 月，撤销绵阳市市中区，分设涪城、游仙两区。2002 年绵阳市辖涪城、游仙两区，以及三台、安县、梓潼、盐亭、北川羌族自治县、平武 6 个县，代管江油市和省政府科学城办事处，直辖绵阳高新技术产业开发区、科教创业园区、经济技术开发区、

科技城现代农业科技示范区。①

绵阳市位于四川盆地西北部,涪江中上游地带。现有乡镇建制276个,其中镇143个,乡133个(其中民族乡15个),街道办事处17个;农村村委会3 411个,村民小组27 371个,城镇社区居委会422个,居民小组3 098个。总人口540.7万,其中市区人口80万人。绵阳市东邻广元市的青川县、剑阁县和南充市的南部县、西充县,南接遂宁市的射洪县,西接德阳市的罗江县、中江县、绵竹县,西北与阿坝藏族羌族自治州和甘肃省的文县接壤。地理坐标为:北纬30°42′～33°03′,东经103°45′～105°43′。全市呈西北东南向条带状,东西宽约144千米,南北长约296千米,辖区面积20 249平方千米。按地貌主要类型分:山区占61%,丘陵区占20.4%,平坝区占18.6%。

二、游仙区及下辖白蝉乡基本情况

绵阳市游仙区是1993年1月经国务院批准设立的县级行政区,位于四川盆地西北部,东与梓潼县、西与涪城区、南与三台县、北与江油市相邻,辖区面积1 000余平方千米。辖游仙经济开发区、经济试验区2个综合经济开发园区,以及22个乡镇2个街道办事处,233个行政村43个社区居委会。全区总人口54.3万人,其中,非农业人口19.2万人,农业人口35.1万人。全区耕地面积25 201公顷,林地面积31 853公顷。绵阳市游仙区交通便利,境内有宝成铁路、绵广高速、绵盐公路、绵梓公路和在建的绵遂高速等重要交通网络。②

白蝉乡距绵阳40多千米,位于游仙、三台、盐亭交界处,区域内丘丘相连,少有平坝,处于四川省丘陵地区的腹心地带,是典型的农业小乡。全乡有11 000多人,11 000多亩耕地,其中水田不到2 000亩,80%是坡地,历史上习惯种植玉米、小麦、油菜和水稻。全乡除了原来的一个小丝厂外,没有任何其他加工业,农民唯一的收入来源就是农业。③

三、陡嘴子村基本情况

陡嘴子村总面积达2 794亩,辖7个村民小组。有239户,总人口740

① 资料来自绵阳市政务信息网之绵阳年鉴,网址:http://www.mianyang.gov.cn/MYGOV/145812872683847680/20100514/498005.html。

② 资料来自绵阳市游仙区政务网,网址:http://youxian.my.gov.cn/youxian/1225260573621485568/20100312/483168.html。

③ 王书斌:《丘区腹地的奇迹——绵阳市游仙区白蝉乡农民蚕业合作社的情况调查》,载四川省农业科学院网站,网址:http://www.chinawestagr.com/yb/showcontent.asp?id=3786。

人，其中：高中以上文化程度155人，占总人口的21%；初中文化程度237人，占总人口的32%；小学文化程度和文盲348人，占总人口的47%。

陡嘴子村耕地面积815亩，人均占有耕地1.1亩；水资源面积200亩；林地面积670亩，人均占有林地约0.9亩。2007年发布的全国土地利用变更调查结果报告显示：截至2006年12月30日，全国人均耕地面积为1.39亩，这意味着陡嘴子村的人均耕地面积低于全国平均水平，距离联合国确定的人均0.8亩的耕地红线不远，而对于这样一个完全没有村庄工业以及持续的生态产业的村庄而言，人口增长与资源之间的矛盾则是村庄发展需要解决的迫切问题。目前，村庄劳动力外出打工有效缓解了这一矛盾，但是对于村民可持续发展和城乡协调可持续发展目标而言，则需要提出可持续的、与环境协调的农业发展策略。

陡嘴子村属亚热带季风湿润气候，多年平均气温为16摄氏度，最高月平均气温为26.9摄氏度(7月)，最低月平均气温为5.5摄氏度(1月)。年平均降雨量为1 165.9毫米，24小时最大降雨量为271.3毫米，最大风速为17米/秒，历年平均降雨量大于5毫米的天数为44.8天。根据水文分析资料，陡嘴子村内的井、泉水，钻孔水，库、塘水，大都属重碳酸钙型水。陡嘴子村的主要农作物为油菜、小麦、水稻、玉米等。传统的粮食种植早已不能给农户带来货币收入，虽然种植粮食能够抵消购买粮食需要的货币开销，但是粮食作物种植需要的种子、化肥、农药与时间投入与低收入的现实对比使得年轻一些的农民都转向了村庄外面的第一和第三产业。陡嘴子村1—12月的农事安排如表1-1所示。

表1-1 陡嘴子村1—12月的农事安排

一月：小春田间管理，追施油菜抽薹肥。

二月：小春田间管理，防病治虫。

三月：小麦、油菜防病治虫，大春备耕(种子、化肥)。

四月：小春后期田间管理，大春(秧苗、苕苗管理)。

五月：小春(油菜、小麦)收割，春蚕饲养，大春栽插(秧苗、苕苗)、玉米栽植。

六月：大春田间管理(水稻、玉米、红苕)，经济作物(花生、大豆)。

七月：大春田间管理，水稻、玉米治虫，夏蚕饲养。

八月：大春田间管理，水稻治虫，农户秋蚕饲养。

九月：大春收割，割水稻、收玉米，晚秋蚕饲养。

十月：大春收割尾期，小春油菜、小麦播种。

续表

十一月:小春田间管理,油菜施肥、匀苗。 十二月:小春田间管理,防病治虫。

(资料来源:陡嘴子村委会)

陡嘴子村有较长的养蚕历史,大部分村民的养蚕收入是排在打工收入后的第二大经济收入。养蚕主要是家庭主妇的工作,养蚕需要额外付出更多的时间和精力,而且养蚕受自然因素影响较大,因此养蚕收入并不是很稳定。从养蚕所需要的投入与产出的关系来看,粗放式的农业生产与农业经营不仅风险较大,而且回报率较低。养蚕流程如表 1-2 所示。

表 1-2 养蚕流程

蚕种 每年 4 月 28 日左右买蚕种(以春季养蚕为例),一般蚕种的价格是 39.5 元(2009 年)一张。蚕种要拿到养育室内培育。村里没有专业的养育室,需要拿到外村,价格是 25 元一张,一般需要 10 天的时间。10 天后把养好的蚕种拿回家。在拿回蚕种之前需要用石灰或漂白粉对养蚕的房间进行消毒,清洗。买石灰或漂白粉大概需要 15 元。
养蚕 按三张蚕种计算(下同),每天必须在天未亮之前起床,用石灰对蚕房进行消毒。把前一天采回来的桑叶切成 1 厘米左右宽的长条,然后均匀撒在养蚕的簸箕上。整个过程大概需要 30 分钟。 早上吃过早餐过后必须去采摘桑叶,一般要采摘 4～5 个小时,然后回家做午饭。桑叶采回来后要用湿布盖好,放在阴凉的地方。 吃过午饭后要喂蚕一次。然后开始做家务。下午 5～6 点钟要继续去采摘桑叶,大概需要 2 小时,采摘的桑叶用于第二天的蚕食。 晚上仍然需要喂蚕。大概需要 20 分钟。
摘茧 养蚕 21 天左右,就是捡老蚕的时候。放在蚕簇上吐丝。注意离地 20 厘米,防止受潮。
卫生条件 一张蚕种需要约 35 平方米的房屋和约一亩种桑树的地。 小蚕每两天需要除一次蚕粪,大蚕则每天都需要除蚕粪。 养蚕的房间需要通风、透气,稍为阴凉,但是要向阳。保持卫生清洁、必要时要给蚕喂红霉素。
桑叶要求 采摘桑叶需要趁天早,有露水的时候可以采摘,但是有露水的叶子是不能喂小蚕的。一旦被太阳晒过后,小蚕就可能吃不动了。

续表

养蚕时间
春蚕:4 月底—5 月底
夏蚕:6 月初—7 月初
秋蚕:8 月初—9 月初
晚秋蚕:9 月中—10 月底

（资料来源:2009 年 11 月 27 日与村民共同整理）

从养蚕的流程来看，一般养 3 张蚕种需要投入的时间为每季蚕 7.5 小时×21 天。单从每天的时间支出就可以看出几乎占用了每天的三分之一时间。所需物质成本包括每季蚕都需要 200 元左右的货币支出和 100 平方米以上的房屋和约 3 亩土地。此外，风险较高，主要包括养蚕环境要求高，蚕种养育风险大，蚕茧的市场波动也比较大等。表 1-3 所示为陡嘴子村一个一般户的收入情况。

表 1-3　一个一般户的收入情况

户主卢某 65 岁，其妻刘某 60 岁，夫妻俩在家，儿子、儿媳在外打工。
目前有土地 3 亩多。
主要种水稻、桑树。粮食自己吃，剩余的用于养猪、养鸡。
养了两头猪，卖一头收入 1 000 多元。
养鸡的收入刚够买油、盐。
养蚕收入 3 000 元/年。
购农药支出 400 元。
购化肥支出 700 元。
请人打田、收谷子的支出为 300 元/亩

（资料来源:B-08-H）

无论是从农业种植还是从畜牧养殖来看，陡嘴子村村民的收入都能够维持温饱，但是面对复杂多变的气候与自然灾害，以农业生产为主的收入则显得很不稳定。在灾害面前，农户收入面临减少的困境，甚至会影响到农户的基本生计。

地震之前，陡嘴子村“交通不便”，群众常年走的是泥泞小道，农副产品无法进入市场，农户出行都困难；农业基础设施十分薄弱，纯属靠天吃饭，“十年九旱”，群众生产、生活、用水都十分困难；农业产业老化，群众观念落后，增收困难，农民收入常年低于全乡的平均水平。陡嘴子村所在的白蝉乡 2007 年人均纯收入是 4 567 元，而陡嘴子村人均纯收入是 3 467 元，低于全乡平均水平

1 100元。

陡嘴子村的发展受到多方面的制约,主要是:第一,人口与土地资源的矛盾;第二,村庄建设基础设施的投入明显不足;第三,劳动力素质不高,小学文化程度和文盲348人,占总人口的47%;第四,缺少可持续的村庄生态产业。这四个主要原因是相互影响、相互制约的。对村庄建设基础设施的投入不足导致了村庄的持续生态产业难以发展,而农户收入不能依靠农业生产和种植得到提高,只有外出就业,但是由于劳动力素质不高,外出就业层次单一、难以持续,一旦外出务工的人回到村庄,人口与资源的矛盾就会凸显出来,粗放的农业经营难以满足人口增长的需要,必然会对环境过度掠夺,造成环境恶化与发展停滞的恶性循环。

第二节 陡嘴子村的发展历程

地震前,陡嘴子村的发展主要是对村庄道路、水利设施等基础设施的投入。投入方式主要是政府出资、村民自筹、村民建设等方式。

一、1949—2000年的发展

1960年1月—1961年3月,开挖堰塘。通过群众投工投劳的方式开挖蓄水堰塘以解决农业用水问题。群众投工共计1 300个。

1974年2月—1975年12月,修建道路。通过群众投工与集资的方式修建碎石机耕道路15千米。共计投入人工8 000个,向村民集资2万元。

1978年2月—8月,建小学。通过乡里动员、群众自筹资金的方式建起了村小学。当时群众自筹资金1万元。

1980年1月—12月,通电。群众自筹2万元、投工1 500个将电线安装到村里。

1985年1月—1986年2月,通电话。由电信局将电话线安装到村里。

1986年9月—1987年3月,改建村小学。群众自筹3.5万元。

2000年以前,陡嘴子村基础设施建设的投入明显不足,改革开放之前村里的发展速度缓慢,这样的发展状况与西部的发展状况一样,缺少基础设施的投入以及农业发展处于困境。虽然农户的收入有所提高,但是农业经营没有市场化;农民的温饱问题解决了,却无法解决提高农户的货币收入的问题。虽然货币收入难以提高，但是农业生产所需要的水利设施仍然能够通过村庄动员机制得到修建。

从村庄发展的本土参与视角来看，陡嘴子村村民从新中国成立后直到1980年在村庄基础设施建设中有很强的动员痕迹。主要是通过投工投劳的形式和集资的形式来参与村庄建设，而投工投劳是最主要的参与方式，这主要是受当时的社会动员特点及农民收入情况决定的。

二、2002—2007年的发展

2002年2月—8月，开山修路。自筹3万元，社会集资3万元，开山修路1千米，打通了杨家垭与外镇的交通联系。

2003年1月—4月，开山修路。自筹3万元，社会集资4万元，开山修路1千米，打通了肥猪垭与外镇的联系。

2006年2月—2007年3月，修路。自筹9万元，社会集资5万元，国家补助19万元，硬化村机耕道2.3千米。

2006年2月—2007年5月，兴修引水渠。群众自筹10万元，开挖武都引水工程2.5千米。

2007年8月—9月，开挖堰塘。村民魏玉兰垫资2万元，新挖张家湾堰塘，解决了四组生产、生活用水问题。

2007年6月—10月，开挖堰塘。村干部齐瑞垫资3.5万元，新挖白家湾堰塘，解决了七组生产、生活用水问题。

陡嘴子村近十年的发展仍然是以基础设施建设为主，主要是水利建设与道路建设。这印证了当时的一句话："要想富，先修路。"随着外出打工的人逐渐增多，村民的收入也在增加，但是增加的部分主要是外出务工收入。

改革开放之后，农村基层民主发展都是基于群众的切身利益，这是促进人们自主参与政治生活的基础和动力，无论人们是否参与、参与什么，都取决于其对利益的考量。① 村民在村庄公共基础设施建设与公共事务的参与方式和程度上都发生了明显的变化。参与方式主要是以集资为主，出劳动力的形式已经没有了。如在村庄进行调查时发现，在插秧需要水源时，需要有本村人去守住水渠以使水不被水渠经过村的人"截走"，这种事情都需要村里出钱雇人。由此可见，村民参与取决于其利益相关程度。但是，值得肯定的是，村民中还是有能人、热心人，这些村民对村庄基础设施的建设和发展都起到了示范带头

---

① 徐勇：《社会动员：自主参与政治整合——中国基层民主政策发展60年研究》，社会科学战线，2009年第6期。

作用。

三、震后的恢复建设

2008年8月—10月,村道硬化。资金来自国家补助29.5万元,村民自筹23万元,并以公开招标的方式进行项目招标,完成四组和七组主干道1.3千米的道路硬化。

2008年10月—12月,村道水泥路。资金来自国家补助80万元,村民自筹29万元,并以公开招标的方式进行项目招标,完成一组、二组的村道水泥路修建。

2009年2月—12月,夏湿田沟渠改造。资金来自国家补助20万元,村民自筹11万元,并以公开招标的方式进行项目招标,完成夏湿田沟渠改造3千米。

2009年11月—12月,沟渠建设。资金来自UNDP补助13.5万元,以公开招标的方式进行项目招标,通过村民以工代赈形式完成武引农渠建设2.5千米。

2010年1月—3月,入户路建设。资金来自UNDP补助10万元,以公开招标的方式进行项目招标,完成入户路建设2千米。

2009年1月—2010年8月,饮水工程。资金来自国家补助40万元,村民自筹12万元,以公开招标的方式进行项目招标,通过村民以工代赈形式完成人畜饮水工程15千米。

2010年1月—12月,公共设施建设。资金来自国家补助32万元,UNDP补助17万元,以公开招标的方式进行项目招标,完成村委会办公点建设。

从2010年开始进行生计建设。UNDP资助30万元,并且以群众支援的原则发展桑兔养殖产业,用于村民生计建设。

除了基础设施和生计建设之外,还有来自UNDP项目对妇女生计发展、村庄沼气改造方面的支持与帮助。总体而言,地震之后的发展特点主要是:①基础设施建设的投入比震前大;②基础设施建设的方式有所改变,开始重视基础设施建设中的村民监督;③关注村民生计建设,开始将建设的目光放在农业生产的持续产业化发展上;④关注村民能力建设,特别关注脆弱人群的生计发展。

在经历地震灾害之后,村民的忧患意识增强,共同的灾害经历促使村民在集体事务决策中更加容易动员,更能聚合在一起。在政府及时有效的重建政策的激励下,村庄的本土参与程度有所提高。此外,由于重建政策和外部援助中,对本土参与和加强村民生计能力等方面均有所考虑,而且在重建项目的实施中也注重村民的参与和增强村民生计能力。例如，UNDP在村庄组道修建项目中明确提出了以工代赈的方式以提高贫困村民的参与意识、生计意识和增强生计能力的目标，互助资金以及妇女互助资金旨在提高妇女的参与意识和参与能力。由此可见，陡嘴子村灾后重建的特点可以归结为：政策下乡（外部援助）对本土的参与起了激励作用。

第三节 陡嘴子村发展的SWOT分析

所谓SWOT分析，即态势分析，就是将与研究对象密切相关的各种主要内部优势、劣势和外部的机会和威胁等，通过调查列举出来，并依照矩阵形式排列，然后用系统分析的思想，把各种因素相互匹配起来加以分析，从中得出一系列相应的结论，而结论通常带有一定的决策性。S（优势）、W（劣势）是内部因素，O（机会）、T（威胁）是外部因素。按照企业竞争战略的完整概念，战略应是一个企业“能够做的”（即组织的强项和弱项）和“可能做的”（即环境的机会和威胁）之间的有机组合。

从新中国成立之后，陡嘴子村积累了一定的发展优势，主要表现在村庄的基础设施建设上。但是由于各种原因，发展速度一直较慢。基础设施建设虽然持续进行，但是没有完全解决村庄发展对基础设施需求的问题。而且村庄发展只注重外界的资金投入，忽视了对村庄内部资源的发掘，缺少对村民生计持续性发展的投入与规划。地震之后，陡嘴子村的灾后重建与村庄发展得到了外界的关注和支持，村庄的发展条件发生了巨大的变化。同时，在灾害危机面前，陡嘴子村村民对于家园重建和发展的强烈愿望推动了内部各积极要素的产生并对村庄重建和发展发挥了重要作用。

一、优势与劣势

陡嘴子村发展的优势和劣势主要是对陡嘴子村发展的内部条件的概括。内部条件包括村庄发展中需要的群体凝聚力和要求发展的整体愿望及今后发展中可能产生的阻碍因素。

（一）优势

第一个优势是大灾之后村民表现出来的坚强的群体性意志。这种意志能

够被村干部和社会舆论进行有效引导，并在村庄的重建上发挥出来。村民在灾害面前表现出的坚强与勇敢将进一步增强他们自力更生、不等不靠的意识，灾后重建中将更具有强烈的信心和决心。

第二个优势是通过政府在抗震救灾中的表现，村民更加信任政府，特别是在村庄发展和抗灾等方面给予政府部门和工作人员以充分的信任。在抗震救灾过程中，政府部门快速反应，干部和党员在灾害面前起到了模范带头作用，这些都使得广大群众对党和政府更加充满感激和信任，改善了干部与村民之间的隔阂，有效提高了灾后重建的工作效率。

第三个优势是通过灾后重建，村民的发展意识有明显的提高，环保意识的加强、权利意识的明晰对于村庄的可持续发展有重要的推动作用。村民在抗震救灾中表现出的互助友爱精神、集体意识、大局意识，将有利于村庄灾后重建的发展。

某村村委会的齐主任说：

我们老百姓思想有变化。震前，老百姓对干部不太信任；震后，由于干部与群众接触多，老百姓信任干部了。邓书记也说了，我们村重建后基础设施提升了很多，我们村干部的工作态度说实话比以前改变了很多。我们工作作风有所转变，能吃苦，任劳任怨，工作方法、方式上有转变。老百姓的观念有所转变，通过我们的宣传，上面下来调研，宣传的效果还是不错的。以前是小农意识，现在都想搞可持续发展，老百姓都想长远了，都想搞特色农业、优质产业之类的。生活习惯有所转变，震后按照新农村建设，建设好了。现在房里有地板砖，进屋要脱鞋子。震后考虑群众有心理阴影，成立老年活动室，节日搞活动，会上做思想动员，与群众沟通，现在群众心胸开阔多了。对思想上还转不过弯来的群众主要是讲道理与宣传。（资料来源：与村委会人员访谈）

（二）劣势

第一，村民灾后重建中的外债问题比较严重。特别是弱势群体，例如老人、残疾人家庭在灾后重建之后债务偿还能力比较弱，收入又少，可能会压缩家庭在医疗、日常生活中的开支，影响生活质量与风险抵抗能力。

第二，村民对可持续发展的目标还不明确，对于很多可持续发展的途径和手段及理念还需要时间去理解，参与式发展的自主发展能力的发挥还需要一段时间。从客观上表现为外界的生计支持与生计发展观念还没有与当地的发展优势有效结合。

第三，村庄内部的运行机制还没有完全建立起来，虽然村庄通过外部的援助实践对于可持续发展有了一定理解，并且通过外部援助建立起了一定的可持续发展需要的资源，但是长久的发展还需要村民具有持续获取资源的能力。

访谈记录 

问：灾后重建中有什么困难吗？

答：有个矛盾，就是招标啊什么的花了好多不必要的钱，要是花在工程上更好。程序不合理，走完程序之后，成本变高了，而且进度拖慢了，拖慢了3～4个月。我们村里也搞不懂，这里跑程序，那里跑程序，乡里又专门派人跑程序，人员本来就不够，太麻烦了。项目给的经费本来就不高，后来又给了审计费、监理费、招标费、车旅费，花费了不少经费，村里财政压力大，老百姓震后经济压力大，项目资金又难以跟上，怨气较大。（资料来源：与村委会人员访谈）

二、机遇和挑战

（一）机遇

第一，有外部的生计援助资金和生计发展需要。有养兔方面的资金支持，现在正在发展养兔产业，在丝绸产业的基础上，搞大户＋重点户的养兔活动，流动“造血”，在大户发展中确定重点户，以大户和重点户的力量带动大家发展产业。目前，已成立养蚕合作社，准备成立养兔合作社。通过“一公四母”为一组给农户发放兔子来发展养兔产业。现在预计需要50万元，其中村民自筹20万元，上级财政支付30万元。

第二，村庄地形有利于村庄道路修建，已经完成了部分基础设施建设（见表1-4）。

表1-4　陡嘴子村基础设施情况

名称	2007年（震前）	2008年（震后）	2009年
村级公路	3千米	2千米	3.5千米
组道	8千米	8千米	11千米

第三，外部经验的支持、外部援助与参与式过程为本土性知识的发挥提供了一定的制度保障，为村庄可持续发展奠定了一定的物质基础和社会基础。

此外,震后恢复重建中国家的持续关注与投入为村庄发展提供了必要的保证。

第四,经过灾后重建过程中的政策下乡与外部援助,一系列的方法、工具、理念通过援助项目的方式引入村庄重建发展,在这个过程中不仅提高了村庄的本土参与程度和村民的参与能力,还为村庄今后的发展提供了良好的环境。

(二)挑战

第一,基础设施需要进一步完善与维护,因此还需要对村庄基础设施建设持续投入。农户房屋严重损毁,基础设施遭到较大破坏,给群众的生产生活带来极大不便,正常的生产生活受到重大影响。返贫致贫户大大增加,全村贫困户从地震前的 26 户增加到地震后的 139 户,扶贫难度增大。

第二,内部的本土知识还未全面发挥。村民的参与积极性很高,但是缺少必要的制度建设和渠道,村民的智慧与积极性没有完全发挥出来。由于村民在村庄重建中的选择性参与,导致村庄的动员效果受到重建目标与过程的制约,有的领域村民的参与程度不高,村民的智力资本没有得到很好的利用,本土性知识有待进一步开发。而且分配机制也没有完善,容易造成惠民政策的惠及面小等问题。

第三,关于农业发展的生计策略,还没有完全考虑到农业产品的市场风险问题,缺少市场风险考虑。农村的权力结构与官僚体系会对本土性知识发挥产生阻碍,还未完全理解外部援助理念,未能将外部援助理念融入本土性的重建经验中。

第四,强震的刺激、对余震的恐慌、滑坡的威胁、对危房的担忧及面对重大经济财产损失的失落和不能安居乐业的无奈,必将给灾民心理造成一定影响。由于灾区经济倒退,农民人均纯收入从震前(2008 年)的 3 467 元降到震后(2009 年)的 2 638 元。恢复重建新增负债多,无疑会对陡嘴子村今后的发展带来较大影响。

第二章

5·12 地震：灾难与应对

2008 年 5 月 12 日 14 时 28 分的大地震，给灾区村庄发展带来了巨大的阻碍和痛苦，使本身贫困的陡嘴子村遭到重创。汶川大地震是浅源地震，震源深度为 10～20 千米。由于印度洋板块向亚欧板块俯冲，造成青藏高原快速隆升导致地震。高原物质向东缓慢流动，在高原东缘沿龙门山构造带向东挤压，遇到四川盆地之下刚性地块的顽强阻挡，造成构造应力能量的长期积累，最终在龙门山北川—映秀地区突然释放，发生逆冲、右旋、挤压型断层地震。四川特大地震发生在地壳脆—韧性转换带，震源深度为 10～20 千米，持续时间较长，因此破坏性巨大。受到地震破坏的地区分为极重灾区、重灾区、一般灾区。其中极重灾区 11 个县市，重灾区 41 个县市，绵阳市游仙区属于重灾区。陡嘴子村的受灾情况如表2-1所示。

表 2-1　陡嘴子村受灾统计(2008 年 6 月)

项　　目	数　　量	项　　目	数　　量
死亡	1 人	灌溉渠道	6 千米
受伤	164 人	山坪塘	9 口
倒塌户	44 户	石河堰	1 处
倒塌房屋	352 间	提灌站	1 处
危房户	96 户	有效灌溉面积	450 亩
危房	1 095 间	损失折合金额	110 万元
耕地湮没	60 亩	人工井	130 口
草场淹埋	45 亩	解决人饮数量	528 人
沼气池	65 口	损失折合金额	19 万元
牲畜	1 头	卫生室	1 处
小家禽	932 只	折合损失金额	3.6 万元
小家畜	66 只	供电设施	4 万元

续表

项　　目	数　　量	项　　目	数　　量
农户经济损失	1 195万元	广播电视	5万元
村级公路	1千米	通信设施	2万元
入户路	3千米	活动室	14万元
桥(涵)	4座	公共设施经济损失	221.6万元
损失折合金额	64万元	全村损失	1 416.6万元

(资料来源:绵阳市游仙区扶贫办)

第一节 救灾与应急

地震之后的几个小时内,村民立即开始了自救与互救,开始采取救灾与应急措施。具体方式为:自救,抗震救灾,生产自救,通过行政组织和真情凝聚人心,通过抗震救灾生产自救重塑信心。从村庄参与式的角度来看,地震之后的几小时内,最能反映村庄的本土参与能力和自主性:在毫无外来援助及资源的刺激下,村民应对灾害的自我组织程度,村庄中政府机构的反应速度和动员能力等都能反映出村庄的本土参与能力和自主性。

陡嘴子村在地震之后的救灾工作中面临以下几种困难。

第一,村庄基础设施破坏严重,道路、房屋、卫生室、村委会、水渠等基础设施损坏严重,相应的基础设施功能无法发挥,可能会带来更多的损失。

第二,陡嘴子村属于丘陵地带,连接市区的道路损坏严重,这给灾后物资运送造成很大的困难,给灾后的救援工作形成很大的阻力。

第三,地震之后的次生灾害可能会对村庄造成更大的影响。陡嘴子村地形呈现出一个口袋状,村庄的排水能力很弱,持续暴雨造成严重的村庄内涝,山体滑坡等情况也时有发生。

地震发生的当天下午,村委会就开展了救援活动。一方面,村民开始自救,自己搭建简易的帐篷;另一方面,村委会的三名委员开始初步灾情排查工作。当天下午,村委会的委员一边统计灾情,一边告诫村民不要再居住在危房中。

访谈记录

地震那天下午，好吓人啊。地震发生后，邓书记立刻从他家赶到村委会，当他经过鱼塘那个水坝的时候，感觉整个水坝就像是“龙摆尾”了，人都站不住。我们当时就每家每户地走，特别是一些老人家的家里，我们去看看，然后告诉他们不要住在屋里了，很危险嘛。晚上，我们帮着村民把帐篷搭起来，没有帐篷的就安排大家住在有帐篷的地方，告诉大家不要住在屋里了。（村委会主任访谈内容）

我觉得干部还可以，特别是地震之后那几天，干部每天都很辛苦。

（资料来源：访谈 B-04-R）

一是解决群众住房问题，帮助房屋倒塌和严重受损户、贫困户在短时间内搭起临时过渡房。

二是解决群众的生活问题。及时把国家政策落实到灾民中，并且动员广大的党员干部和社会力量参与救援，重点解决贫困户生活困难问题。

访谈记录

去年 5·12 后，政府发放的物资：

5 月 12 日之后发放谷子、水、药；6 月 5 日发方便面、面包、饼干；

6 月 30 日发了 900 元；

7 月 13 日发了水、口罩、被子、大米 60 斤、面粉 30 斤、油 2 斤（1 斤＝500 克）。

（资料来源：访谈 B-02-H）

三是乡政府安排部分村民到乡里的临时安置点。临时安置点尽量使灾民在食物、水、居住等基本需求上能得到基本保障；物资和医疗队伍统一向临时安置点集结。乡政府统一组织安置与管理工作；部分老人、小孩、残疾孤寡人员安置在临时安置点。

四是科学规划灾后重建工作；强化宣传、落实政策、积极组织，充分调动贫困村灾民对灾后重建工作的积极性。面对贫困和灾难，陡嘴子村村民信心十

足。因为有党和国家的好政策,有省、市、区各级扶贫办领导的关注和项目支助,陡嘴子村很快就掀起了灾后重建的新高潮。群众不等不靠,搭建临时过渡房140户,共3 360平方米;灾后申报新建农房148户,且其中有32户正在新建,新修村主干道和组道水泥路1.8千米,同时重新启动了志泉面岩砖厂,为灾后重建打下了坚实基础。

灾害应急与救援为灾后重建及灾害管理奠定了基础。就灾后重建而言,及时有效的灾害救援能够保证人员伤亡数量减至最低,特别是地震灾害,及时有效的自我救援和快速的外部援救是减少人员伤亡的重要举措。对于灾害管理而言,这是避免二次灾害带来伤害的重要手段。自然灾害发生之后容易因为不作为导致二次灾害,地震发生后,很多房屋可能因为剧烈的震动成为危房,在最后"一根稻草"的作用下就可能坍塌,如果没有科学的自我救助则可能成为二次灾害或余震的受害者。因此,灾害应急和救援应该作为日常灾害管理的重要内容,通过灾害管理项目的实施,一方面提高村民的风险意识和自救能力;另一方面通过对相关的设施和制度建设,完善灾害带来的危机情况的应对制度,减少灾害隐患。这是地震灾后重建给予的重要教训。

第二节 村庄脆弱性分析[①]

一、村庄脆弱状况

5·12地震之前,陡嘴子村由于经济条件有限、基础设施建设投入不足,导致村庄水利设施、人畜饮水设施、道路交通设施建设不足,村庄经常出现洪涝、滑坡、干旱等灾害。震后,全村道路损坏4千米;人工井损毁130口,损坏武引农渠2千米、山坪塘9口、石河堰1处、提灌站1处;村办公室、卫生室、计生室、活动室严重损毁无法使用。地震之后加重了村庄的脆弱状况。

联合国开发计划署(UNDP)项目利用参与式脆弱性分析技术对贫困脆弱群体进行脆弱性调查。具体的工作是协调开展参与式脆弱性分析的试点工作。这个项目首先为来自三个省(陕西、甘肃和四川省)的省级、市级、县(区)

① 村庄脆弱性分析,主要是基于2009年的村庄基本情况而进行的,但是经过灾后重建,村庄的脆弱性发生了变化。

级、乡级层面和村级层面的妇联工作人员和来自国家层面的主要项目负责人举行了为期一天半的参与式方法介绍。随后，为来自从村级到国家级层面的人员开展了为期 9 天的培训。这 9 天的培训详细地介绍了在社区开展参与式工作的理念与相关技能，以及通过参与式的方法来了解社区的脆弱性和能力。通过对陡嘴子村进行参与式脆弱性分析，发现陡嘴子村的脆弱性主要表现为以下几个方面。[①]

第一，全村各组都存在比较严重的灌溉水不足、饮用水不足、排水不畅的水利问题。突出表现在：堰塘在地震后毁坏，没有蓄水能力；唯一的提灌设施在地震中毁坏，不能使用；灌溉渠道分布不合理，有的地方被水淹，有的地方却干旱严重；组与组之间存在用水冲突。这些会直接影响到村民的正常生产生活。

第二，人居密集的地方，没有好的排水设施，如遇洪水，会给村民造成危害。

第三，全村只有一条村级公路为水泥路，通往各组的入户路为土路，路况很差，如遇雨天，道路泥泞，村民出行困难。

第四，全村只有一条用来种田和泄洪的水沟，如发生洪水，则无法及时排洪，对下游的几个组的农田、房屋、人员构成危害。

第五，全村有很多夏湿田，由于缺乏排水设施，遇到下雨无法排水则会成为涝田，给耕种带来很多困难。

第六，全村有很多因地震造成的危房，包括村办公室。村里部分脆弱性人群，如老人、残疾人等居住在危房里。

从陡嘴子村的参与式脆弱性评估的结果来看，陡嘴子村的脆弱性主要是基础设施状况的脆弱。而造成这个问题的根本原因是村庄人口与村庄资源使用之间的矛盾。基础设施建设投入不足是造成这一原因的重要方面，除此之外，对于资源使用的分配机制缺乏也是导致基础设施使用和维护不足所造成的村庄基础设施脆弱的另一方面。例如全村缺乏统一的、合理的规划，水资源得不到充分利用。其结果是水源储备能力和排洪抗旱能力差，这些都严重影响了村民的生产、生活。此外，村庄基础设施的脆弱性还表现为如下方面。

第一，村民日常出行的路况差，亟待改善。糟糕的交通条件给村民出行带来了不便，尤其是影响了老人、孩子、残疾人等弱势人群的出行。

第二，受资金的困扰，村里还有许多危房无法重建，成为影响村民尤其是

---

① 张洪英，刘彬钰，杨理崙，Collin，张卫，刘治敏：《绵阳市游仙区陡嘴子村参与式脆弱性分析与规划报告》，2009 年 4 月 3 日。

弱势人群生命、财产安全的隐患。

第三，村里没有基本的医疗卫生服务设施，如缺乏村级卫生所及懂医疗常识的医护人员，村民日常健康没有保障，就医困难。

第四，村里没有村级办公室及活动场所，影响村民开会及学习、活动。

二、村民脆弱状况

5·12地震之前，90%的农户住房是土坯房。村民收入主要依靠外出打工、养蚕、种地，人均收入为3 467元。地震后，239户2 510间民房均不同程度受损，其中住房全部倒塌和严重受损无法居住的重建户140户1 447间3.91万平方米，需加固维修的99户465间1.78万平方米。圈舍倒塌和严重受损的共469间1.14万平方米，轻度受损129间0.38万平方米。因基础设施及农房重建，贫困家庭负债沉重，大量外出人员回家修建住房和无房养蚕的情况严重影响外出打工收入和养蚕收入，人均收入减少到2 638元(2009年)。因地震返贫户达139户。

地震灾害产生的后果对弱势群体有很大的影响，主要表现为弱势群体在生活、住房及灾后生产恢复上面临许多困难。村里有劳动力480人，外出打工的有195人，很多妇女留守在村里。地震之后对于留守妇女影响最大的是暂时居住条件差、家庭负担重，面临心理上与生活上的双重压力。地震对空巢老人的影响主要体现在生活上。因为空巢老人身边没有劳动力依靠，而且居住条件一般较差，地震之后，土坯房一般不能再住人。空巢老人由于活动不方便，灾后的余震、洪水等自然灾害和次生灾害对老人安全形成威胁，因此空巢老人更需要人照料。贫困人口在震前的生活资料就很匮乏，对地震灾害的抵抗能力相比一般农户更差。村民脆弱状况还体现在灾后农户住房修复与重建方面:通过政府住房重建资助住房能够开始重新修建，但是为了节约成本，往往会影响房屋质量，或因为资金短缺而影响工期;本来可以通过贷款进行重建，但是贷款与借款超出预期还款能力。

(一) 妇女脆弱性[①]

(1)因耕地无法得到有效灌溉，导致妇女们靠天吃饭，造成粮食作物的减产，因而也没有足够的粮食作为饲料来发展养殖业。该村主要的灌溉设施——提灌站和灌溉渠道都在5·12地震中损坏，目前还没有修复。在2008

① 张洪英，刘彬钰，杨理崙，Collin，张卫，刘治敏:《绵阳市游仙区陡嘴子村参与式脆弱性分析与规划报告》，2009年4月3日。

年6月当地扶贫办针对该村制定的灾后重建3年规划中，修建灌溉渠道已经作为确定项目，但没有包括修建提灌站。另一方面村民因为重建房屋需要贷款和筹措资金，也无力筹资修建提灌设施。

(2) 5·12地震以后，气候反常，主要表现为气温升高、雨水季节错位。例如因为天气越来越热，孵化的小鸡成活率低，容易死亡；春蚕的死亡率也比往年高。养蚕的另外一个问题是全村的养蚕房在地震中损坏严重，现在还没有重建。该村原先有两个养蚕房，主要负责出售蚕种，并将刚孵化的小蚕饲养一周时间，再分到各家各户去独立饲养。因为蚕在第一周内需要精心照顾，也很容易死亡，这种集中饲养既节省了各家各户的妇女劳动力，又避免了因有些妇女饲养技术差和饲养环境不好而导致小蚕死亡。但现在没有了村蚕房，妇女们只能在自己家里养蚕，这样就很容易因照料不好小蚕而亏本。

(3) 缺乏科学种养殖业技术，造成养殖成本高、收入低。比如，养蚕容易死亡，或者不结茧；养猪容易生病等。一位40多岁的妇女说她去年(2008年)养了20多只鸡，到秋天的时候，在不到一周的时间全死了，她只能把死鸡用框装着倒出去，“一年都白忙活了”。

(4) 二三月份是妇女们收入来源最少的时候，但这个时候需要购买化肥，且小孩上学要花钱，所以这段时间又是妇女们最需要钱的时候。妇女们经常要在这个时候向亲朋好友借钱，或者节省家里开支艰难度日。

(5) 农产品销售价格降低。农产品销售价格从2008年下半年开始降低，比如：油菜从以前(2009年之前)的4元/千克降到了现在(2009年)的3元/千克(当时还没有到收获的季节，只是估计)；花生从2007年的6元/千克，降到2008年的3元/千克。妇女们一般卖农产品，或者是自己到白蝉乡去卖，或者在家等小商贩来买，对于农产品价格下跌非常着急，但也没有更好的办法。这直接影响了在家务农妇女的收入。

(二) 老人脆弱性

(1) 老人们觉得首先应该有便利的交通，这是最基本的条件，只有先解决了这一问题，才能解决其他问题。因为现在村里的有些路还没有修好，下雨天土路十分泥泞，相当难走，老人根本不能出门。同时下雨天可以不干农活，想找人聊天、与人交流，但路十分难行，无法出门会影响心情。

(2) 老人需要一个活动场所，老人可以聚集在一起聊天、下棋、看电视、了解外面的信息。村里以前的活动场所修在小山坡上，老人腿脚不好，爬坡困难，感觉不方便。在5·12地震中，活动室被毁坏，现在村里没有活动场所了。

(3) 村里没有诊所，老人们觉得就医不方便，有点小毛病就得到乡卫生

院。

(4) 老人们普遍担心地震以后的生活。地震后老人子女们的房屋都损坏了,重新修建欠了很多钱,有些老人还要帮助子女,他们现在还能劳动,但丧失劳动力以后,子女是否有能力赡养他们呢?

(5) 有些老人生病了不对儿女说,硬挺,担心儿女没钱盖房子,担心给儿女增加负担。

(三) 儿童脆弱性①

(1) 缺少家庭教育。儿童的父母多在外打工,三年级以上儿童大部分时间在学校,和父母仅有的沟通是周末回到家里,父母亲打电话到家里来联系;在家里和爷爷奶奶存在着隔辈教育,一些儿童成长中遇到的问题难以解决。

(2) 缺乏有效的安全保障。一方面白蝉乡中心小学的6层高的教学楼因地震而成为危房,为确保学生的安全,地震后全部拆除,重新在一片山坡上搭建了板房学校,学生上课、住宿均在板房内。在夏天,板房内十分闷热,不利于学校开展教学工作。为了赶在高温天气到来之前给学生提前放假,学校由原来的一周五天制教学改为了六天制教学。周末儿童回到社区后,经常进行的玩耍活动有爬树、捉鱼等,这些活动存在一定的风险,我们在社区走访中发现,社区中池塘存在着儿童容易发生危险的地点,均没有明显的提示。

(3) 地震灾害经历给孩子们带来巨大的恐惧,现在学生们希望新的教学楼可以抵御灾害,提供一个安全舒适的学习环境。

(4) 学校卫生室、厕所等的布局也存在一些问题,比如离宿舍比较远等。

(四) 残疾人脆弱性

(1) 看病缺钱。与普通家庭相比,残疾人家庭的收入普遍较低,因此导致残疾人有小病能拖就拖,不能及时治疗,从而可能酿成大病。对于导致其残疾的病痛,例如小儿麻痹、脑瘤等,虽然全家已经在集中力量进行治疗,但仍然停留在缓解病症层面,残疾人家庭无法支付彻底根治的费用。

(2) 信息不畅。残疾人的生活相对封闭,与外界交流沟通比较困难,无法及时获取所需的各种生产、生活信息。

(3) 村上没有卫生所,看病要走很远的路,相对比健康人更难,希望能在村委会建立卫生所,以使类似感冒、外伤、妇科、儿科等常见病能就近诊治。

---

① 张洪英,刘彬钰,杨理崙,Collin,张卫,刘治敏:《绵阳市游仙区陡嘴子村参与式脆弱性分析与规划报告》,2009年4月3日。

(4) 缺乏技术，比如有一个残疾人，已经 18 岁了，但她觉得自己什么都不会，希望能够有一技之长养家糊口。

(5) 一般的家务劳动对残疾人来讲会因其身体原因而变得更加繁重。因为家务劳动繁重，残疾人心理压力大，经常感到苦闷，希望能够与邻居、村乡级干部交流。

(6) 生活压力大是家庭经济差和个人身体差的一个综合反映。具体分析是因为身体的病痛、家务劳动繁重和挣不到钱等问题。这一点，参与脆弱性调查的 7 位残疾人认为不能得到解决，只能接受或自己调节。

(7) 地震给本来就贫困的残疾人家庭来说，更是雪上加霜。老年残疾人也面临子女无力赡养的问题。

三、次生灾害的影响

国家汶川地震专家委员会委员董树文表示，这次汶川地震伴随着地震发生了 1.5 万个左右的滑坡、崩塌和泥石流。经初步判断，整个汶川地震的损失，约有三分之一不是地震直接造成的，而是由于滑坡、崩塌和泥石流造成的。[①] 地震活动除因强烈震动直接造成房屋倒塌、人员死伤和喷水冒砂等破坏作用外，还常引起火灾、爆炸、煤气或其他有害气体泄漏、放射性污染、疫病，以及海啸、洪水、崩塌、滑坡、地裂等多种灾害，因而造成更严重的人员伤亡和其他破坏损失。历史上的地震灾害表明，绝大多数破坏性地震均有次生灾害发生，有时次生灾害所造成的人员伤亡和财产损失还超过地震直接灾害。具体到陡嘴子村，地震后的次生灾害除了余震之外，还有由于地震对房屋和村庄基础设施的破坏造成的对洪水、山体滑坡，甚至雨季的抵抗能力减弱，并且可能因为前面的各种情况而发生更大的损失。

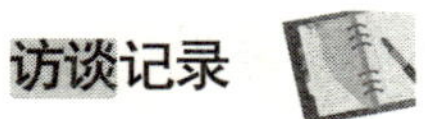

问：地震后乡里的主要次生灾害有哪些？

答：余震、洪水、干旱，水渠的损坏需修补，否则雨季很麻烦，塘堰的损坏也要修补。

（资料来源：对张乡长的访谈）

---

① 财经网新闻：《评估震灾：汶川再发强余震可能性较小》。网址：http://www.caijing.com.cn/2008-09-04/110010295.html。

问:地震过后还有过什么灾害吗?

答:地震后,心里比较害怕,除了地震之外,还怕大雨,因为怕把土坯房冲了。去年5·12地震后,9月份,下雨时房门都没法出,这个房子的墙都快冲垮了,没法住。下了十几天的雨,下雨对粮食影响比较大。当时害怕墙垮了,用胶布在墙外面固了一下。今年八九月,又下了大雨,后面与前面的沟与田都是水,当时谷子还立在田头,啥都没收。

(资料来源:访谈 B-01-R)

问:地震之后又发生过什么灾害吗?

答:从去年点麦子起到今年5月份都没怎么下雨,今年麦子、玉米减产,谷子收成还可以,够吃。今年6月份开始下雨,去年8月份洪灾,屋后山体垮了一半,都不怕,但今年下雨怕哦,怕房子的墙垮,害怕哦。地震时的景象现在想起都怕,现在一刮风,一下雨就怕。

(资料来源:访谈 B-02-R)

地震灾害给村庄基础设施和农户房屋带来了很多安全隐患,特别是在地震之后不久的时间里,余震较多,给震后重建政策的制定带来了困难。因为灾后重建政策要根据当时的灾害受损情况来制定,但是随着余震和次生灾害的不断发生,次生灾害加深了村庄脆弱性和农户脆弱性程度,重建发展政策则需要进行适当调整。从政策制定的角度而言,要适时地进行政策评估与政策调整,使重建发展政策发挥最大的功效。

第三章

灾后重建规划：过程与参与

编制和实施贫困村灾后恢复重建规划具有特别重要的意义。扶贫部门具有编制和实施贫困村灾后恢复重建规划的经验和能力。规划的主要依据是：国家领导关于要把灾后重建与扶贫开发结合起来的指示精神，《中华人民共和国城乡规划法》，《汶川地震灾后恢复重建条例》(国务院第526号令)，《中国农村扶贫开发纲要(2001—2010年)》，《国家汶川地震灾后重建规划工作方案》，国务院抗震救灾总指挥部灾后重建规划组会议纪要和有关规划编制的要求。在全面调查摸底的基础上，按照贫困代表性、灾情代表性、地貌代表性等特点，在51个极重或重灾县规划区选择了19个贫困村(其中四川省10个、甘肃省5个、陕西省4个)开展灾后恢复重建规划编制的试点，按照系统性、综合性、参与性的原则，通过实地调查、农户访谈、村民会议与部门座谈等形式，充分了解受灾贫困村与贫困群众的困难和需求，由受灾村和群众讨论需要开展的重建项目和生产恢复活动，测算恢复重建所需资金，编制村级灾后恢复重建规划。同时，四川、甘肃、陕西三省全面开展了贫困村灾情和灾后恢复重建需求调查。

制定灾后重建的原则是：以人为本、民生优先、全面发展；群众参与、项目到村、帮扶到户；因村制宜、统筹兼顾、综合重建；统一规划、典型示范、分步实施；国家支持、社会帮扶、自力更生。目标是：通过国家支持、社会帮助和群众参与，自力更生，经过三年努力，使受灾贫困村基础设施、产业开发、民主管理与自我发展能力恢复到灾前水平，基本实现《中国农村扶贫开发纲要(2001—2010年)》确定的目标。四川地震的规划过程是一次对受灾地区进行科学、全面、系统规划的过程。陡嘴子村的灾后重建规划过程是在政府的统一调配与指挥下进行的，所以陡嘴子村的灾后重建过程科学、有序、全面、周详，并且表现出以农户为核心的特点。具体而言，以农户为核心的特点表现在陡嘴子村的灾后重建规划过程中，以农户重建意愿确定重建内容、根据农户重建需要制订重建计划、充分动员农户参与项目实施与项目监督。

第一节 重建规划的过程与做法

重建规划整个过程主要分为两步。第一步是确定重建内容。确定重建内容的过程还包括前期的准备工作、社区调查和农户座谈。本阶段主要是以村民参与为主,如果有可能则应该完全以村民自我组织进行村民投票来决定重建发展过程中的所有事宜。但是,在地震之前及地震之后不久,陡嘴子村的村民村庄事务参与意识不强,而且灾后重建需要大量的资金投入,这些资金投入几乎全部来自政府投入,因此在灾后重建中也是主要以政府为主导。因此,在确定重建内容的过程中还需要以政府动员为主,将村民动员起来进行讨论,以确定在村庄的重建中需要进行哪些建设和投入。第二步为制定具体的重建方案。这个阶段要以专业人员为主,通过在第一步所确定的重建内容和重建意愿的基础上,进行专业性的评估和规划制定工作。此外,为了保证重建工作的顺利进行,还需要当地政府部门牵头并且联系村委会成立专门的工作小组,在人员组织上予以保证。关于人员组织的安排,在条件允许的情况下应该多安排村民代表参加,以保证村民对重建工作的直接监督。

一、确定重建内容

这是制定灾后重建规划的第一阶段,主要是确定“恢复重建哪些方面”及“先重建与后重建的排序”等问题。与所有的灾后重建村一样,要充分考虑村民的重建意愿,因此重建内容的确定是以农户的重建意愿为核心的,重建规划过程也是以农户为核心。确定灾后重建内容主要分三步走,即前期准备、社区调查、农户座谈,主要是专家组通过访谈了解基本情况,专家作为专业技术人员根据村民的重建意愿来确定重建内容。

(一)前期准备工作

——村委会积极配合由省、市、区、乡业务人员及对村情较为熟悉人员组成的规划组参与灾后调查及相关规划工作。

——村委会同规划组人员进行贫困村灾后重建参与式村级规划培训,接受工作任务和了解质量要求。

——村委会做好相关表册制定工作。

（二）社区调查

由业务人员组成灾后重建规划组进村开展社区调查。规划组人员围绕村主要路线及受灾情况实地勘察后，分别组织召开3个座谈会，通过座谈会的形式开展社区调查。

——村组干部座谈会。由于陡嘴子村只有3名村干部，没有村民小组干部，因此规划组成员与3名村干部进行座谈。

——群众代表（贫困户，受灾严重户、一般户、较轻户等不同类型农户代表）座谈会。

——妇女座谈会。

通过座谈，初步了解社区基本情况、受灾情况及带来的影响、存在的问题、下一步打算、发展潜力等，并绘制出了社区平面图、剖面图、农事季节历等。

（三）农户座谈

——单独座谈。规划组分三个小组通过走访不同类型农户（贫困户、一般户、较富裕户、倒塌户、有危房户），采用半结构访谈方式对各种类型农户受灾情况、存在困难、灾后重建的想法进行了解。同时对农户灾情调查情况进行了核实，基本掌握了群众的生产生活情况、存在的主要问题、项目意愿等情况。

——召开村民大会。规划组经过充分的准备，于2008年6月28日上午在村里召开了村民大会（见图3-1）。到会农户代表198人，占总户数的82.9%，其中男65人，女133人。大会首先对灾民进行了问候和灾后重建动员，然后规划组用挂图向农户反馈了社区调查、农户座谈成果，包括村基本情况、受灾情况及其分布、当前生产生活情况、存在的主要问题、农户项目意愿、建设方式等情况。接着分性别进行存在的问题排序、灾后重建意愿排序，讨论对问题干预的对策建议，讨论完善工程建设的方式，最后向群众通报了农户选择排序结果。参会群众热情高、意识强、参与积极，大会非常成功，达到了预期的效果。陡嘴子村灾后存在的问题排序如表3-1所示，灾后重建农户意愿排序如表3-2所示。

表3-1　游仙区白蝉乡陡嘴子村灾后存在的问题排序

内　容	调查情况选择				排序
	男/个	女/个	小计/个	占参会人数的百分比/(%)	
缺钱	56	129	185	93	1
住房困难	54	119	173	87	2

续表

内　　容	调查情况选择				排序
	男/个	女/个	小计/个	占参会人数的百分比/(%)	
生产发展困难	50	102	152	78	3
生产生活用水困难	52	98	150	78	4
交通不便	49	89	138	70	5
信息不灵	40	88	128	65	6
外出务工困难	5	73	78	39	7
就医难	26	51	77	39	8

排在前5位的问题是:①缺钱;②住房困难;③生产发展困难;④生产生活用水困难;⑤交通不便。

图 3-1　“灾后重建参与式规划”村民大会(2008年6月27日,齐瑞摄)

表 3-2 游仙区白蝉乡陡嘴子村灾后重建农户意愿排序

项目名称	意愿				排序
	男/个	女/个	小计/个	占参会人数的百分比/(%)	
新建村道水泥路	46	101	147	74	1
石河堰、山坪塘维修	59	76	135	68	2
恢复广播设施	58	76	134	68	3
农户投工投劳	58	76	134	68	3
项目建设农户自筹资金	54	70	124	63	4
人饮自来水管道	50	73	123	62	5
新建村卫生室	48	74	122	62	6
农村实用技术培训	46	75	121	61	7
农田基本建设	47	74	121	61	7
灌溉渠维修	54	66	120	61	8
新建入户硬化路	46	72	118	60	9
新建组道碎石路	50	62	112	57	10
新建提灌站	39	73	112	57	10
新建村委会办公室	42	70	112	57	10
新建老年活动室	60	50	110	56	11
饲养小家禽	32	74	106	54	12
分散新建住房	26	79	105	53	13
蚕桑产业发展	27	74	101	51	14
农户沼气池建设	28	65	93	47	15
发展优质水果	37	56	93	47	15
集中新建住房	28	59	87	44	16
技能(劳务)培训	45	42	87	44	16
发展优质商品蔬菜	22	52	74	37	17
发展生猪	7	60	67	34	18
劳务输出	9	50	59	30	19
蚕房建设	26	0	26	13	20
维修改造农户住房	7	18	25	13	21
新建人饮机井	1	3	4	2	22

排在前5位的项目意愿是:①新建村道水泥路;②石河堰、山坪塘维修;③恢复广播设施;④农户投工投劳;⑤项目建设农户自筹资金。

二、制定重建方案

从确定重建内容的三个步骤可以看出,贫困村灾后重建的内容是由规划组主导、村委会配合、并充分尊重重建村庄内部成员的重建意愿的条件下确定的。制定重建方案主要有确定项目框架、项目估算两个步骤。

(一)确定项目框架

规划组根据农户意愿项目召集与扶贫项目资金投入对接的区、乡相关工程技术部门专业人员逐项研究农户项目意愿,分析其技术可行性和市场可行性,讨论各项目的实施地点、规模、投资及资金筹措、项目管理方案。分析讨论的结论是:

(1)农户意愿需求的项目均是受到地震灾害损毁需要恢复甚至改扩建的项目,结合当地实际,在技术、市场上可行;

(2)住房、学校、卫生室、村活动室等项目由上级安排的对口主管部门按国务院、省政府的要求及行业安排部署规划落实;

(3)农户有意愿选择并与扶贫项目资金投入对接的项目均进入项目规划框架,但实施的先后顺序原则上按照农户意愿选择的排序进行;

(4)项目投资按实施工程量及现行材料、人工的价格进行概算,资金筹措以扶贫专项投入为主,与其他部门资金投入及农户筹资投劳相结合。

由此正式确定了陟嘴子村灾后重建扶贫项目框架,并将相关结果进行公示,向农户反馈公布,最大可能地照顾到重建村的重建需求。

(二)项目估算

项目估算对村庄重建需要投入的资金及其来源、人力与组织情况以及项目效益作出评估。

1. 项目内容及投资估算

游仙区白蝉乡陡嘴子村灾后恢复重建规划按照群众调查意愿排序,结合实际情况,首期总投资50万元,其中基础设施项目投资45万元;重建村组活动室以及文化室、广播室、计生卫生室等项目投资5万元。

——灌溉设施。夏湿田沟渠改造2千米,总投资15万元。

——村内道路。新建组道水泥路2千米,总投资30万元。

——重建村组活动室,以及计生卫生室、广播室、文化室共240平方米,总投资 5 万元。

随着项目恢复重建的继续深入，陡嘴子村的基础设施建设与生计发展得到了外界资金和技术的支持。2010 年开始了新的生计发展，新的生计发展是在陡嘴子村所有的基础设施建设完成之后开始实施的。这表明：贫困村灾后恢复重建不仅是基础设施建设的恢复与发展，还要采取措施提高农户的经济收入，而增加收入的方式应该是以生计发展为主，发展具有一定特色的村庄经济，确保农户经济收入的持续性和安全性。陡嘴子村灾后重建规划项目投资情况如表 3-3 所示。

表 3-3　游仙区白蝉乡陡嘴子村灾后重建规划项目投资情况一览表

项目名称	单位	补助标准/元	规模	金额/元	资金来源		覆盖户数	覆盖人口	恢复		重建	
					专项补助/元	部门投入			规模	金额/元	规模	金额/元
一、基础设施				1 098 900	1 098 900	0				583 900	0	515 000
恢复灌溉设施				160 000	160 000	0				160 000	0	0
5 000 立方米的山坪塘	口	20 000	4	80 000	80 000		239	739	4	80 000		
修复石河堰	处	40 000	2	80 000	80 000		239	739	2	80 000		
重建提灌站	处	50 000	2	100 000	100 000		239	739	1	50 000	1	50 000
人饮管道	千米	30 000	10	300 000	300 000		239	739			10	300 000
组道	千米	50 000	4	200 000	200 000		239	739	4	200 000		
沼气池	口	1 000	165	165 000	165 000		165	510			165	165 000
节能灶	口	500	300	150 000	150 000		150	612	300	150 000		
广播设备线路架设	户	100	239	23 900	23 900		239	739	239	23 900		
二、能力建设				212 000	212 000	0				106 000		106 000
农业实用技术培训	人次	10	2 000	20 000	20 000		239		1 000	10 000	1 000	10 000
劳务转移培训	人	800	240	192 000	192 000		239		120	96 000	120	96 000
三、生产恢复				301 600	301 600	0			0	301 600	0	0
生产启动补助				301 600	301 600					301 600	0	0
贫困人口	人	600	74	44 400	44 400		24	74	74	44 400		
其他人口	人	400	643	257 200	257 200		208	643	643	257 200		
规划投资合计	元			1 612 500	1 612 500	0			0	991 500	0	621 000

（资料来源：绵阳市游仙区扶贫办，2009 年 12 月）

2. 资金来源

陡嘴子村的基础设施建设资金主要来自国家投入、群众投工投劳、群众资金筹集、外部资金援助(包括 UNDP 资金投入)。因陡嘴子村灾后群众返贫人数多,而且由于前期的基础设施建设村民筹资也加大了村民的脆弱性,加之绝大多数农户房屋需重建和加固,因此群众资金非常紧张。

3. 组织管理

——成立了白蝉乡贫困村灾后恢复重建项目领导小组,负责本乡贫困村项目实施的组织领导和协调、服务工作。

——成立了陡嘴子村项目实施小组,由村党支部书记、村主任、文书和群众代表组成(要有妇女代表),下设实施组、监测组、评估组(每组都有群众代表参加),具体负责项目的组织实施管理和监测评估工作。

——本项目采用参与式方法,农户参与项目的规划、实施、管理、监测、验收等全过程,充分体现农户的主体作用,确保项目实施具有较高的成功率。

4. 效益评估

灾后重建带来的效益范围宽广、层次多样,为陡嘴子村今后的发展带来了经济效益,对农户经济增收起到了推动作用。

(1) 经济效益。项目在陡嘴子村实施,将加快该村灾后重建的步伐,促进全村经济快速发展,增加农民收入。项目建成后,极大地改善了交通条件,加快农户重建步伐,500 亩夏湿田改造直接增加群众收入 100 万元,全村养殖生猪达 1 300 头,产值达 965 万元,人均纯收入可达 5 125 元。

(2) 社会效益。通过基础设施项目的实施,促进项目村商品经济的发展,提高该村抗震救灾、重建家园的信心,对于提高全村人民的生活水平起着决定性的作用;通过基础设施项目的实施,为改善全村人民的生存、生产、生活环境打下良好的基础,解决了村民在生产、生活中的后顾之忧,为将来经济的发展,生产、生活条件的改善奠定了基础;社区能力建设项目的实施,使农户提高认识、转变观念,并掌握一定的实用技术,对提高村民们自我组织、自我管理、自我发展的能力起到积极的作用。

图 3-2 和图 3-3 分别为陡嘴子村灾后重建项目规划图和项目规划过程图。

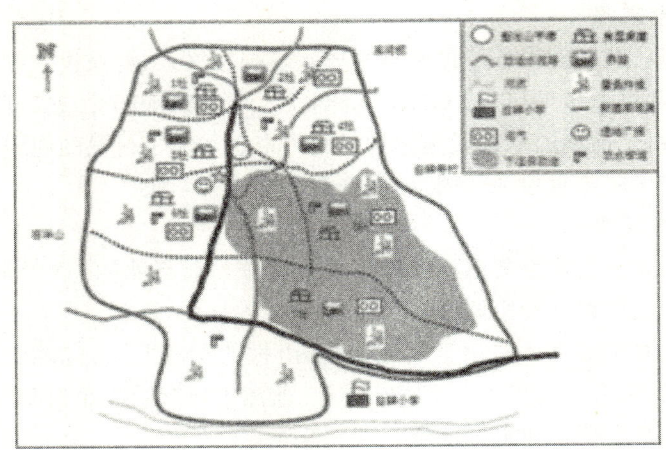

图 3-2 陡嘴子村灾后重建项目规划图（资料来源：绵阳市扶贫办）

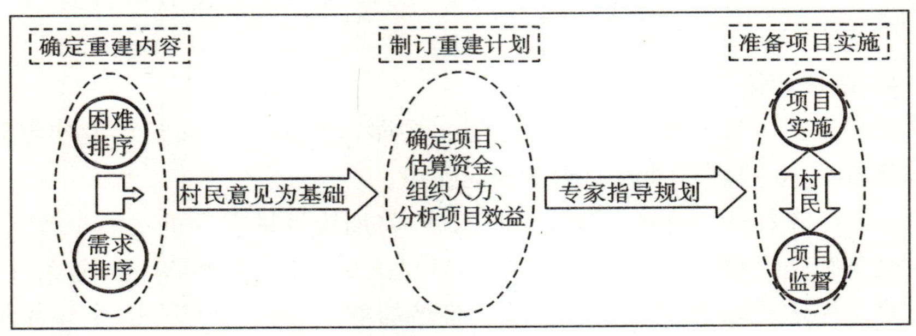

图 3-3 项目规划过程图

第二节 重建规划的内容

灾后重建规划是由专家组指导并在国务院扶贫办贫困村灾后恢复重建工作办公室的指导下制定的。灾后重建规划全面贯彻落实科学发展观，按照灾后重建与扶贫开发相结合的要求，坚持以人为本、科学重建的方针，按照有限范围、有限时间确定优化目标和任务的要求，恢复重建受灾群众基本生产生活中急需的设施和公共服务设施。坚持尊重科学、尊重自然；坚持自然资源开发与人力资源开发并重。

贫困村灾后恢复重建总体规划的主要内容包括住房建设、基础设施建设、公共服务建设、产业开发、生产恢复、能力建设与环境改善项目等7个方面,共35个子项目。

其中,村内基础设施建设包括6个子项目,分别是恢复重建村内道路、小型农业灌溉设施、村内饮水设施、可再生能源设施、入户供电设施和基本农田。

生产恢复主要考虑恢复农户生计,包括在部分村建立村级互助资金,有偿使用,滚动发展;同时为约50多万个贫困农户提供生产启动资金,开展增加收入的各种生产活动。

能力建设包括农村实用技术培训、劳动力转移技能培训、健康与环境教育培训、村级组织管理能力培训等。

环境改善项目是帮助农户实施"五改三建",改善居住环境。

陡嘴子村的重建规划还必须满足震后村庄、农户的发展需求。因此陡嘴子村的重建规划的内容主要包括以下几方面:村庄道路修建、水利设施修建、农房修建、发展生产、参与能力、生活恢复。各项重建内容的关系如图3-4所示。

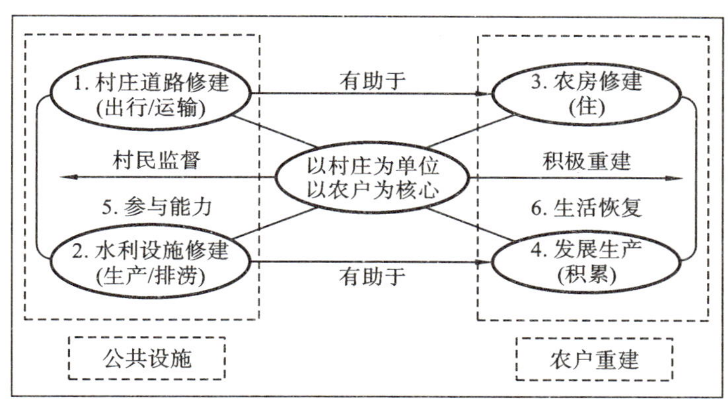

图 3-4 陡嘴子村重建规划内容详图

一、村民生计恢复规划

(一)住房修复或重建

地震对居民住房有很大的破坏,特别是陡嘴子村的居民住房大多是土坯房,没有支撑结构,抗震能力很差,因此全村有148个农户房屋倒塌或是严重损坏,需要重建,还有99个农户的房屋受到中度损坏,需要维修加固。震灾之后，148 户倒塌或是严重损坏的房屋与 99 户中度损坏的房屋需要进行重建或是修复。

（二）生产能力恢复

生产能力恢复包括生产工具、生产方式的变化，主要表现在收入结构上。陡嘴子村村民震前收入主要是打工收入，其次是农业经济收入，而农业经济收入中所占比例最高的是养蚕卖茧收入。值得一提的是，虽然在陡嘴子村村民的收入结构中，打工收入与养蚕卖茧收入占到了农户收入的大部分，但是作为村庄的一种生活方式，土地耕作仍然是村民的主要生产方式与生活习惯。虽然土地耕作不能带来更多的货币收入，但是村民对于土地耕作的生产方式具有根深蒂固的信任，并且从环境与经济角度来看，土地耕作为村民直接提供了食物，减少了通过市场行为获取食物的环节，节省了购买食物的资金，也间接地减轻了经济压力。

在生产能力的恢复上，外出打工的村民回乡利用村庄重建需要劳动力的机会在本村打工，有部分村民一边为砖瓦匠打工，一边学习砖瓦匠技术。乡政府制定了养兔子提高收入的计划。在 UNDP 专项资金支持下成立了妇女互助资金组织，以帮助妇女解决生产启动时的资金难问题。村里的互助资金，由村民自己成立的互助资金组织来管理，在村民筹款与国务院扶贫办专项资金支持下，扩大互助资金规模。

（三）规划的原则

1. 统一规划方案、统一安全要求的规划原则

统一规划方案主要体现在两个方面：一方面是根据安全、经济、美观的原则进行规划，由乡政府提供农房重建图纸，提供几套基本的户型由农户进行选择，然后进行重建；另一方面是统一规划集中居住点，陡嘴子村村民四组的重建户就是根据四组的实际土地情况进行集中安置重建。统一安全要求主要体现在对房屋修建的质量要求上。在房屋质量要求上，村委会干部通过村民大会进行宣传，要求房屋修建必须打地圈梁与构造柱，房屋有了地圈梁和构造柱之后房屋抵抗地震的能力就会大幅提高。同时通过村委会的动员和老年人协会的自发组织，对村民的住房重建质量进行宣传。

2. 环境整治与住房重建相结合的规划原则

由于震后重建房一般都规划在村里的硬化道路两旁，因此需要对震灾之后的土坯房废墟进行规划与处理。乡政府与村委会根据城乡环境综合整治的

原则并结合住房重建,整治乡村环境卫生。主要的规划内容是:清理废墟房屋,然后进行退耕;规划房屋建筑使用空间,防止建筑垃圾随意丢弃;利用房屋重建的契机,开展全民卫生活动。

二、村庄设施恢复建设规划

(一)村级道路

陡嘴子村的村级道路在地震中损坏严重,村级道路损坏 4 千米,除了村级硬化道路之外,还有入户路、连接田地的道路也因为地震受到损坏。在灾后开展的存在问题排序中,“交通不便”问题排在了所有问题的第五位,在灾后重建意愿排序中,“新建村道水泥路”一项则是排在了第一位。

(二)水利设施

陡嘴子村村民的饮用水获取方式主要是通过自家的水井,农业生产用水则主要靠水堰沟渠将武堰水库里的水引入村里。饮水与生产用水的水利设施与陡嘴子村的水源系统有很大的关联,因为村里的井水一般是地下水,有的农户自家的水井较浅,因此,井水需要得到武堰水库的水渗透补给,特别是第 1、第 2 小组的村民在每年的春季,自家的水井会出现枯水的情况。因此,村庄基础设施建设中水利设施的建设就成了重要的内容。此外,陡嘴子村三面靠山,只有南面有一个缺口面向乡政府所在地,村庄耕地与农户住房和村庄周围山峰相对海拔最大落差有 400 米,这样的地形给陡嘴子村带来的一个隐患就是在雨季的时候,三面会像一个漏斗一样把高处的积水引入村中,因此,村庄排水设施的功能就显得尤为重要。

(三)环保项目

陡嘴子村的村庄建设与灾后恢复中有具体的环保项目,这些项目不仅能起到节约能源、保护环境的作用,更为重要的是,这些环保项目能与农户住房重建相结合,与农户生活设施建设相结合。这些项目包括圈舍改造、太阳能利用的提倡、由 UNDP 支持帮助安装沼气池等。

第三节
重建规划特点

重建规划是一个全面的过程，陡嘴子村的灾后重建规划过程表现出的特点则突出表现为以村民重建意愿为核心，村民参与、村民监督，外部专家进行专业指导。

一、以村庄为单位

以村庄为单位进行灾后发展实践是将村民置于发展的中心位置。从发展原则上说，体现了“民众需求第一”的原则。陡嘴子村的灾后重建是一个由政府主导、以村民为主体、全社会参与的重建过程。陡嘴子村作为国务院扶贫办与UNDP确定的灾后重建试点村，以村庄为单位是贫困村灾后重建的基本工作思路：以村庄为单位，通过与整村推进、新农村建设相结合，整合资源，发挥各项政策资源的整合功效。村民参与到重建规划中表现出来的最大优点就在于能够有效地反映当地群众的真实需求和迫切需要。村民参与过程的方式包括：村庄“一事一议”、村民重建意愿与重建问题排序、村民代表参与招标、监督竞标等。从村庄建设的规划阶段开始，召开村民大会讨论灾后重建项目，四川省、绵阳市游仙区扶贫办相关工作人员参与会议进行指导，通过植入“一事一议”、“问题排序”的民主方法，使村民了解村庄重建的目标、原则和方法，以此保证项目的适用性和实用性。在项目招标上，采用严格的政府招标程序，项目进入绵阳市招标中心进行招标，村民派出代表参与招标过程，听取投标方的竞标方案，监督投标竞选，排除了村庄重建项目招标舞弊的行为，保证了工程项目的有序实施。

村民参与、监督的过程会产生重建复合式功能。以工代赈的形式不仅能够缓解村民在重建中的资金短缺问题，而且通过参与建设能够使村民提高对村庄以及村庄基础设施的认同度，增强村民的公共事务参与意识和管理能力。村民作为灾后重建的重要内部主体之一，通过参与规划、以工代赈参与实施的过程也是村庄恢复与重建的一种资源整合，将内部人力资源进行结合产生复合式的功能。村民平等、民主参与到村庄恢复项目的规划中，一起讨论灾后恢复重建规划，能够发挥村集体的力量，把村民在灾后恢复重建中的各种困难真实地反映出来，提高灾后恢复重建资源的使用效率，还能够激发村民参与村庄

事务的管理,推动村民自治。

二、以农户为核心

以农户为核心是重建原则的具体体现。根据村民的需求是重建投入的基本要求。陡嘴子村根据灾后村民困难的轻重缓急与重建意愿排序制定重建方案,体现了以农户为核心,以村民的需求为重建工作基础。村民的需求是重建投入的基本要求。根据灾后村民困难轻重缓急与重建意愿排序制定重建方案,如图 3-5 所示。

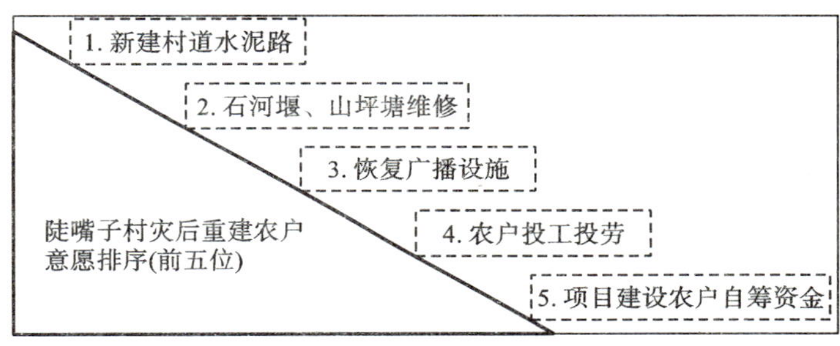

图 3-5 按村民困难的轻重缓急与重建意愿排序制定重建方案(资料来源:游仙区扶贫办)

三、"参与式"过程

从持续发展的角度看,村庄的发展都是村庄内部因素起决定作用的,在震后多元的援助资源帮助下,村庄要达到可持续发展的效果,关键是能够将大多数的村民动员起来,或是通过村民的自主参与完成灾后重建的过程。以村庄为单位和以农户为核心的重建原则都是为农户灾后重建的"参与式"过程做准备的。在政府的主导下,尽可能地通过农户的资助参与过程保证灾后重建资源的整合。

村民的平等参与能够提高灾后村民参与恢复重建的积极性,保证灾后恢复资源惠及所有受灾村民。但是灾后重建不仅需要村民广泛参与,更需要专业的技术支持与专家建议,这样才能保证灾后恢复重建科学地完成。专家建议的原则是尊重村民的重建意愿,并结合村庄实际情况。从陡嘴子村灾后恢复重建的规划过程来看,外部指导与建议体现了一个基本的理念:村民能够通过自己的努力去完成村庄灾后重建恢复任务,而且村民是最了解村庄灾后的损失及其恢复重建的需求的,因此,村民需要的是外部提供必要的资金和专业的技术支持。图 3-6 所示为专家进入村庄实地考察,指导制定陡嘴子村的重建规划。

图 3-6　2008 年 6 月 27 日，专家进入村庄指导制定陡嘴子村重建规划（齐瑞摄）

村民参与重建规划表现出来的最大优点就在于能够有效地反映当地群众的真实需求和迫切需要。村民参与过程的方式包括：村民参与重建实施活动、村庄"一事一议"、村民重建意愿与重建问题排序、村民代表参与招标、监督竞标等。

四、外部经验支持

通过 UNDP 的项目及其他社会组织的项目支持与关注，让国际减灾减贫的经验和模式进入村庄灾后重建过程。外部经验支持方式包括项目实践和经验交流。项目实践：农房重建与能源改造结合过程将绿色环保的理念融入村庄重建；村组道路建设和以工代赈改变村庄基础设施状况和村民公共参与意识。经验交流：通过与国务院扶贫办（以下简称国扶办）等国家部委的高端合作，交流国家灾后重建与减灾经验；邀请灾后重建中各级领导者与参与者参加研讨会和调研评估工作，提供交流平台、总结重建经验、发挥影响、提升重建理念。UNDP 项目地方办公室以村庄为单位，协调政策制定与执行部门的重建实践。

UNDP 作为联合国关注灾区发展的国际机构，除了通过资金注入，帮助陡嘴子村完善村庄基础设施之外，还通过 UNDP 处理村庄灾后重建的评估与援助机制，将从未在灾区使用过的脆弱群体评估机制 PVA 引入对陡嘴子村的评估中。PVA 一方面提供了关于陡嘴子村脆弱性情况的详细资料（在前面已经提到的村庄脆弱性与脆弱性群体的分析都是来自 PVA 的分析结果），另一方面完成了灾后重建政策过程"回路"建设。通过政策的评估过程，及时反

馈政策制定中的情况,完成政策过程的“回路”建设。

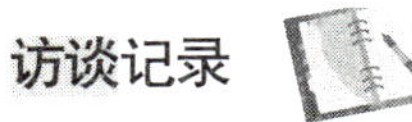

问:能不能谈谈外部援助的工作程序?

答:与国扶办及 UNDP 协作工作程序

(1) 来了之后组织群众开会,评定百姓发展意愿。

(2) 给相关人员带路,入户调查,咨询意见,UNDP 下来调查就来了 10 次左右,国扶办 5 次左右,了解重建基本情况,目前哪些方面还未做好的?目前发现哪些问题与困难?项目进展情况如何?

(3) 搞好接待,提供村里的具体情况,带相关人员去村民家里。

(与村委会成员访谈)

此外,在援助村庄发展的方法上,开拓了村庄基础设施建设效益评估的视野,丰富了村庄基础设施建设的内容,强化了在灾后重建项目中对环境的保护与绿色、生态的发展理念。

与乡长的访谈:

国扶办、UNDP 首先在关注度和在项目上,关注村民农村基础设施的真实需要;其次,在工程的实施上,解决了农村基础设施的迫切需求;在产业上,本乡有发展养蚕产业的优势。现在正在发展养兔产业,在丝绸产业的基础上,发展大户+重点户的养兔产业,流动造血,在大户发展下确定重点户,以大户和重点户的力量带动大家发展产业。目前,已成立养蚕合作社,准备成立养兔合作社。通过“一公四母”为一组发放给农户发展养兔。现在预计需要 50 万元,其中村民自筹 20 万元,上级财政资助 30 万元。

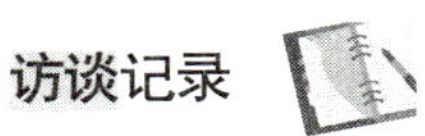

问:灾后重建外部援助主要有哪些?

答:UNDP:PVA 参入式脆弱性分析;1 期基础设施(入户路改造);2 期人畜饮水、水利;产业化可持续发展(养兔)。国扶办:1 期,基础设施近路,塘堰;2 期,道路、湿田改造。

问：村庄在地震前后的变化怎样？

答：变化比较大，首先是住房变化很大；其次是道路交通变化，以前的土泥泞路已硬化；再次是水利方面，震后对沟、堰塘恢复重建，村里有一条沟，20个堰塘其中4个大的共7.8亩。震后重建说实话要感谢党，真的，还有国际组织、外国友人。最后，卫生习惯改变了一些，老百姓的思想素质有所提高，更容易沟通一些了。

（与村委会成员访谈）

可见，UNDP对于陡嘴子村灾后重建的影响主要表现在村庄政治与乡村治理上。通过生态产业发展启动资金与资助、直接的能源改造、以工代赈评估扩展[①]等方式，通过与政府部门合作，强化相关经验的执行力度，促进外部经验与当地社会、政治结构相融合。

五、注重监测评估

2008年10月，国务院扶贫办、商务部和UNDP签署了“中国汶川地震灾后恢复重建暨灾害风险管理项目”，并对贫困村灾后重建进行检测评估：得出《汶川地震灾后贫困村恢复重建试点效果综合评估报告》。目前已经进行了两期专项调查评估。通过监测管理系统、基线与终期监测、专题监测评估进行全面调查评估，总结灾后重建经验。

可以看到，村庄灾后重建规划有很多突破和值得借鉴并发展的地方。值得借鉴的特点如前面所提到的在形式上保证了村民的参与并使得重建目标非常明确，在内容上保证了村民的重建意愿在重建过程中的贯彻。内容与形式上的特征共同形成了在村庄规划中的特色。

但是，从陡嘴子村灾后重建规划的过程来看仍然有以下一些可以讨论的地方。

第一，村庄基础设施是制约村庄发展的重要因素，但是除了必要的建设投入外，还应该考虑到基础设施建设的维护与资源的分配。因此，村庄基础设施重建的规划内容，除了要考虑对基础设施建设进行投入外，还要有必要的维护规划以及使用规划等。

---

① UNDP的以工代赈强调工程建设雇用当地贫困群体，通过当地人参与建设获取酬金的方式强调劳动获取资源的逻辑，并且当地人建设的基础设施会自觉维护。这样的多元化评估思维，拓展了基础设施建设的评估思维，并且在基础设施建设的设计中引入相关多元评估方法更有利于村庄的发展。

第二,关于基础设施建设的评估范围,除了社会、经济等效益的评估之外,还应该着重评估村庄公共基础设施建设过程以及安排对村庄发展和村民生活的影响。比较明显的是村庄道路修建与农户住房重建的矛盾。一方面,村庄道路修建之后会方便农户住房重建中的材料运输并节约运输成本;另一方面,农户建房为了节约运输成本,往往会超重运输,汽车对村庄道路的破坏也很严重,这样的恶性循环造成了村庄基础设施建设的重复与浪费。

第三,在村庄规划中要增强村庄弱势群体的影响力,除了要逐步提高村民的参与积极性和参与能力外,还要适当地采纳弱势群体对于重建规划的意见。政府投资的公共服务项目要更向弱势群体倾斜。对于村庄公共服务和基础设施建设,村民的参与程度与参与范围取决于其对公共事务的参与程度。由此可见参与式的扶贫发展政策对于村庄发展而言,其效果是多元和持续的(关于陡嘴子村灾后重建村民参与式的问题在第六章第二节有详细的讨论)。参与式重建的核心是赋权。赋权的意义是相信陡嘴子村村民有能力去决定和判断陡嘴子村在震后的恢复重建与发展的方向。赋权的目的不仅是通过村民的决定使得灾后重建项目更具适用性,还要增进村民通过积极参与决定性的决策过程来增进自己利益的参与意识。而通过扩展弱势群体的参与范围,增强其参与影响力是判断村民参与程度的重要指标,也是保证灾后重建与发展中政府援助对象与发展受惠者完美结合的重要举措。

第四章

灾后重建过程：实践与探索

陡嘴子村的灾后重建包括两个层面：农房修复与重建；村庄公共设施的修复与重建。具体而言，陡嘴子村灾后重建主要有农房修复与重建、基础设施修复与建设、能源改造与环境保护建设、农户生计发展四个方面的内容。

第一节 农房修复与重建

农房修复与重建是村民灾后重建的重要项目，因为住房对于受农耕文化影响很深的村民来说是人生中最为重要的财产。由于5·12大地震之后许多土坯房变为危房或是直接倒塌，因此住房倒塌的农户申报了第一批重建，但是由于震后余震较多，而且破坏性也较大，很多原本需要修复的土坯房也变成了危房或是直接倒塌。于是出现了第二批申报与第三批申报住房重建的农户。

由表4-1可以看出，农户对于住房重建的积极性是很高的。从统计的132户重建户来看，已经完工的有86户，占总重建户数的65.2%；在105户加固户里，有42户是土坯房修复，还有16户申报了第三批住房重建政府援助项目。

表4-1 陡嘴子村农户住房修复与重建统计 单位：户①

村民小组	重建户			加固户			
	完成	在建	小计	砖房	土坯房	小计	申报第三批重建
1组	12	10	22	7	16	23	0
2组	11	8	19	7	7	14	6

① 本表的统计数据是调查人员拿到全村的农户花名册之后，在进行入户访谈与问卷调查时根据访谈内容与观察的情况进行统计的信息。除此之外，还要感谢陡嘴子村村委会的妇女主任，本表信息的完善是在该村妇女主任的帮助下完成的。这份表格所反映的信息是在2009年12月底之前的情况。

续表

村民小组	重建户			加固户			
	完成	在建	小计	砖房	土坯房	小计	申报第三批重建
3组	10	3	13	4	4	8	3
4组	14	5	19	6	9	15	4
5组	15	3	18	3	3	6	3
6组	8	4	12	6	0	6	0
7组	16	13	29	29	3	32	0
合计	86	46	132	62	42	104	16

备注：

1组另外还有1户低保户、1户特重灾户，没有重建也没有进行房屋修复；

2组另外还有1户五保户，1户转了户口；

3组另外还有1户五保户，1户已经不居住在村里；

5组另外还有1户去绵阳买了商品房；

7组还有1户住到了乡政府所在地的社区。

重建户数与住房受损统计的148户有出入，住房受损严重的农户可能没有及时申报重建或是震后就不在村里居住了。除此之外，本表关于住房重建完工的定义与陡嘴子村统计的定义也不一样，陡嘴子村关于住房重建完工的标准是房屋完成第一层的修建，而本表的标准是不仅完成了第一层的修建，还要完成房屋内部的水泥地面与墙面的施工。

一、住房修复

农户住房修复在资金上的需求不高，在被访者与被调查者中，进行住房修复的农户分为两类。

第一类是震前已修建砖房的农户，砖房在地震时抗震能力自然要强很多，但是房屋仍然出现了裂缝、倾斜等情况。在资金上花费不多，一般花费在2 000元～5 000元不等，主要的工程就是修复裂缝与门窗等；在资金的来源上，政府的加固补贴是每户2 000元，其余是农户自己出资；技术要求不高，一般是农户与泥瓦匠一起进行住房修复与加固。这类农户有比较明显的群体性特征：一是空巢老人居多，房屋是子女修建的，子女在外打工，老人替子女看家并照顾孙子；二是经济压力相对较小，但是住房修复需要的人力资源相对较多。

访谈记录

“现在住的房子是地震前就修好的。5·12 地震损坏了房子，经过加固之后就完全没有问题了。加固费花了 3 000 多元，国家补助了 2 000 元。现在我们住的这个房子是砖房，是儿子的，我们帮忙带孙子。虽然子女不在家，我们仍然在种田，还养蚕、养猪、养鸡，一年我们两口子的收入有 4 000～5 000 元。我以前是村委会委员，没有做村委会委员后，一直还是参加村里的活动，老年协会很多事情我都在做，而且我还是村里互助资金的出纳。”

（料来源：B-08-H）

第二类是地震前没有修建砖房，居住的土坯房在经过简单的加固修复后还可以勉强住人的农户。在资金的使用上，土坯房的修复一般需 2 000 元左右，花费不多，技术要求也不高，大部分农户可以在自己的努力下进行加固与修复。此外，第二类农户中有些人不打算重建新房，主要的原因是考虑到住房重建需要的资金较多以及建筑材料价格上涨等因素。但是在调查过程中发现，许多农户还是希望能重建新房。

例如在田野调查中接触的个案 6 一家的基本情况就可以很好地反映出农户对于住房重建的积极性，但是由于经济困难的原因很难实现。

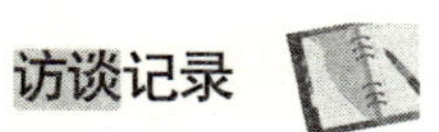

访谈记录

个案 6 一家的基本情况是：一家四口人，两个儿子，一个当兵复员后在外打工，一个儿子在家务农。家庭每年的货币收入在 3 000 元左右，主要是靠农副业。房屋在震后损坏比较严重，更为糟糕的是在 2008 年的雨季，暴雨和洪水对土坯房损坏很严重，特别是房屋靠近山的一面的排水设施不畅对房屋墙壁的影响很大，直接威胁到房屋的支撑能力。

“至于在地震后不申报重建是因为怕建不起房子。后来 7·31 洪灾之后，房子被冲得不行了，就想着要报上去。现在建房子要贷款，但是我们贷不到款，儿子还没结婚，不能贷款，我们两个人都超过 60 岁了，也不能贷款，所以不敢建。”

（资料来源：B-06-H）

由个案6所反映出来的情况可以看出由于贫困村村民的收入不高，发生地震、洪水这类自然灾害后对于农户的影响就表现在农户抵抗自然风险与灾害的能力不强上。农户由于资源的限制，对于灾害的应对方式都是消极的，没有资源支撑村民去积极应对灾害带来的损失，也影响了灾害预防的效果。

二、住房重建

从田野调查的数据来看已经完工的有86户，占总重建数的65.2%。从问卷调查的结果来看，还未开始修建的只占抽样总数的6.9%，刚打了地圈梁和第一层还没有盖板的也只占抽样总数的6.9%。从住房基本完工[①]的角度来说，在被抽样调查的农户中有20.7%的重建户还没有基本完工，有79.3%的重建户基本完工。

农户的住房重建是一项综合性工程，因为从工程技术的角度来说，住房重建需要涉及技术、材料、资金与人力协调的问题，从村庄的社会关系来说，住房重建还是一个农户协调人际关系的过程。村民在住房重建中不仅需要考虑将房屋修建的资金、人力、物力在自己能够承受的范围内进行协调与分配，还需要协调村庄人际关系，例如在赊欠建筑材料上，由于村民不需要进行抵押，因此建筑材料商会根据村民个人在村庄里的信用状况决定是否接受赊欠。

在灾后住房重建中，政府给予了重建户在资金上的支持，主要有：一是直接的资金补贴，这项政策的依据是根据农户户口中的人数划定补助资金的标准，然后发放到重建户的手中；二是按照圈舍改造、农房美化等标准发放这些工程的资金补贴；三是通过信用社的重建低息贷款，给农户提供重建资金。政府的资金补贴政策带来的直接效果就是为重建户进行房屋重建提供资金，虽然补贴资金占的比重不大，但是起到了关键的作用。

资 料

住房修建成本

例如：修建一套一层120平方米，共两层的住房，完成房屋框架结构大概需要的材料和材料款及人工费如下：

---

① 有必要在这里说明一下“住房基本完工”的意义：相对于农村居民来说，在缺乏资金的情况下，把房屋的基本框架搭好了之后，也就是把第一层的水泥屋顶做好了之后，屋内的水泥地与墙面可以暂时不用做。这一点从陡嘴子村所在的白蝉乡关于农户房屋重建补贴的规定中就可以看出：只有当重建户要做第一层的水泥屋顶的时候，所有的重建补助款才会打到农户的账户上。而“住房基本完工”的现实意义就是农户可以有一个基本的房屋居住，内部的装修则可以在往后的日子里慢慢进行。

6 万块砖，按照当时的价格是每块砖 0.4 元，共需要 2.4 万元；

23 吨水泥，每吨水泥 560 元，共需要 1.288 万元；

1 车大石头，需要 550 元；

3 车碎石，550 元 1 车，共需要 1 650 元；

15 车河沙，每车 1 150 元，共需要 1.725 万元；

110 根钢筋，每根 36 元，共需要 3 960 元；

买门窗共需要 2 000 元；

请木匠，每平方米 18 元，总数要按实际情况算；

请砌砖匠，每平方米 85 元，共需要 2.04 万元。

（村民代表访谈）

开始打地圈梁的时候，需要石头和钢筋，共计花费约 1 万元，政府的重建补助可以用来打地圈梁，但是出于保证资金用于房屋重建的考虑，当地乡政府规定，开始建房时才能发放补助，而且发放 80%，只有在房屋第一层快要盖板的时候才会发放剩下的 20%。在这个过程中，需要向亲戚朋友借钱，还要准备用村里的重建证明去信用社贷款，并开始在砖厂买砖，因为村里砖厂的砖在重建阶段很紧俏，需要自己去买。

在地圈梁打好后，要开始支付砖厂的买砖钱，政府补贴 5 000 元，加上自己的存款 2 万元，共计 2.5 万元用于买砖及与此相关的费用。这时还需要购买水泥、钢筋、河沙等材料，并支付部分请工匠的钱，还有每天要为工匠做饭花费的菜钱和其他开销，这时把从亲戚朋友处借来的 3.5 万元用于这部分开销。当房屋开始砌砖的时候，天气因素变得很重要，因为不能在阴雨天砌砖，村里的砌砖匠相对全村的住房重建来说相当有限。当房屋第一层快要完工的时候，就可以拿到政府补助款剩下的 20%了。

其实在以上的过程中肯定还有很多开销，例如还要买一些其他的建筑材料，还有材料的运费，以及购买材料花费的交通成本与人情成本等，所以实际花费要比估算的高很多。而且以上的花销只是用于保证房屋基本框架结构的完成。另外还需要从信用社贷款来继续支付其他的花费，例如，房屋内部的水泥地面、墙面、装修，屋顶安装瓦和外墙装饰灯等。可以看到，重建户在住房的资金使用上根据不同的资金来源以及获得资金的时间，合理安排重建工期，这是一种科学的工程安排，也是一种资源匮乏的无奈之举。住房重建资金的运作如图4-1所示。

在资金结构中，自家存款、亲友借款、信用社重建低息贷款是住房重建的主要资金来源，政府补贴与建筑材料和劳务赊欠也是住房重建资金的重要来源，还有极少部分来自信用社的非低息贷款。住房重建的资金来源如图 4-2

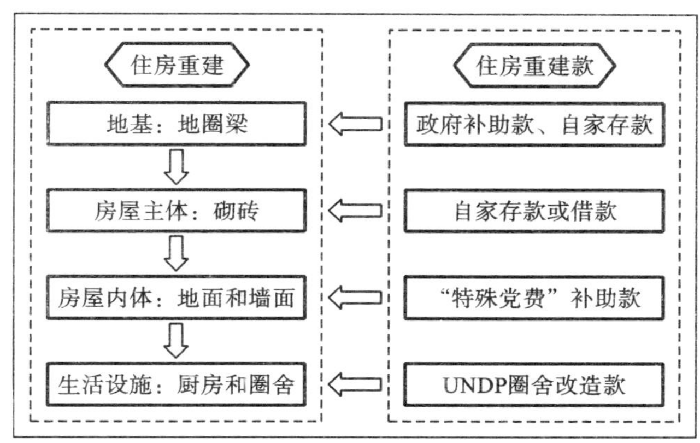

图 4-1　住房重建的资金运作

所示。

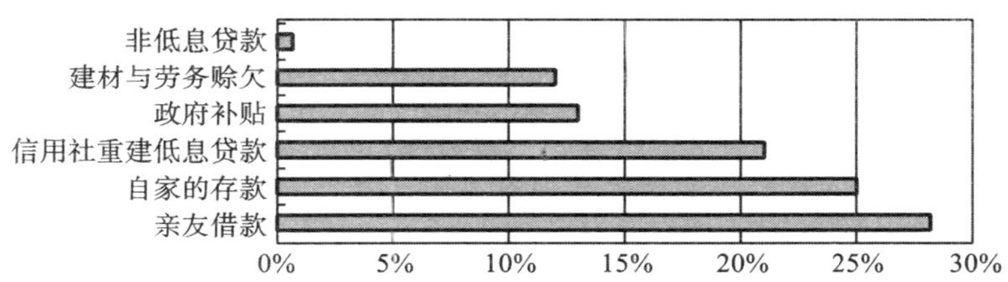

图 4-2　被访者住房重建资金来源(2009 年 12 月)

从问卷调查结果可以看出,在资金结构上,亲友借款是住房重建中最重要的资金来源,但是对于村民的社会交往范围而言,需要的是运用自己的社会关系网络进行筹资。这样的关系需要一个持久的维系过程,特别是在亲戚朋友生日的日子,是一定要带着礼物去的,哪怕再远也要去,因为在当地人看来,亲戚朋友关系在于经常走动,如果不经常走动,亲戚朋友关系也会越来越淡。

从亲友的资金帮助上,就可以看出灾后住房重建中绝不仅仅是资金、技术的运用,还需要社会关系的维持与运用。从中可以发现,村民在住房重建这项工程中,综合运用自己的社会关系,将关系转化为各种重建资源,通过资源的运作与分配达到自己最优的工程选择(见图 4-3)。

在农户住房重建上,陡嘴子村还创造了连户互帮互建模式。农户在自主的情况下,相互帮助、优势互补、帮工还工,有效地解决了农户住房重建过程中的劳动力资源紧张与技术资源紧张问题。这种互帮互建模式并非普遍,却体现了村民之间的互帮互助。例如,村里的砖瓦匠雇用重建户劳动力为其工作,但是砖瓦匠将为这些劳动力家庭砌砖建房,不收取费用,而作为回报,重建户

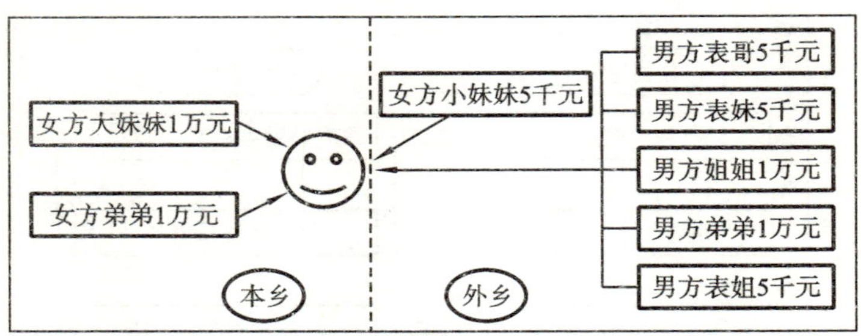

图 4-3 亲友借款详细情况举例(资料来源:T-06-R,2009 年 12 月)

劳动力为砖瓦匠工作也不收取费用。还有村民为村里特别困难的农户出资、出力重建新房。

三、面临的困难

1. 弱势群体

总体而言,从住房修复与重建的过程来看,灾后村民参与重建能动性很强,特别是在自己的住房修复和重建上,通过对自己的社会资源的合理运用,在外部政策补贴的帮助下完成了住房修复与重建。但是,尽管有政府的住房补助资金、农村金融机构对震后农户住房重建进行金融帮助和外界资金技术支持构成的震后住房重建支持网络,仍然有部分受灾人群得不到支持网络的帮助,需要建立起针对部分特殊的弱势群体的住房重建的帮助政策。

弱势群体,特别是老年人和残疾人群体的住房重建问题容易掉到住房重建支持网络之外。主要是因为农村户籍制度的影响,一般而言老年人超过 60 岁之后便要将户口挂在子女户口下,震后住房重建的政策补助和金融支持主要是以户口为标准的,单独居住的老年人特别是空巢老人震后需要进行住房重建的话会面临更多的困难:没有资金来源,没有劳动力、精力,以及传统文化下为儿女着想等因素。空巢老人的住房问题在地震之后显得很严峻。在住村调查的过程中,一共访谈了 5 户老人家庭,还有 1 户老人家庭来自 UNDP 做的临时建筑里。其中有 4 户空巢老人家庭,还有 2 户跟随子女住的老人家庭。在 4 户空巢老人家庭中,除了 1 户空巢老人住在儿子修建的新房里帮着看守外出打工的儿子的房子外,其他的 3 户空巢老人都仍然住在受到地震破坏的旧房子里。

2 个空巢老人的个案

案例一(个案编号为 W-02-O):

1. 四组空巢老人。

2. 蔡婆婆,80 岁。

3. 有两个儿子,分家 18 年了,一个人生活,就老大平时为她买点药。

4. 有 9 分地,种水稻,种玉米,够吃,无多余的,养了几只鸡。

5. 关于住房:5・12 地震后房屋受损较严重,但无钱修建新房,只能加固,得到 2000 元左右的加固费,把房顶加了塑料布,但是一下雨屋内就潮湿得厉害。

6. 蔡婆婆身体较好,无慢性病,但天冷后要经常吃感冒药,每次赶集都要去买 4 元左右的感冒药,隔天赶一次集。

7. 现在政府建房有补贴,今年以后就没有了,砖也便宜,还是要抓紧时间叫儿子回家给建房子。

案例二(个案编号为 W-05-O):

1. 4 组空巢老人。

2. 邓昆林,75 岁,有两个儿子、两个女儿,但都不在身边。

3. 收入情况:儿子、媳妇给口粮钱,400 元/年×2=800 元/年。自己没有种地,将自己的地无偿交给别人种。

4. 居住状况:两个儿子(邓大双、邓大和)都已经建了新房,自己仍住震后的旧房。

5. 身体情况:中风后右脚不灵便,身体不好,眼睛看不清,经常吃药,是自己去白蝉街上买药,去年开始买中药吃,2008 年 9 月 22 日,买药共计用 80 元左右。如果到绵阳买药,来回车费需 23 元(去 11 元,回来 12 元)。上白蝉街买药来回共需 2 小时,4 队地震后路未修好时,下雨路难走。平均每个月吃中药要花费 40 元左右。

6. 一天生活情况:

天亮起来煮饭吃;

吃饭后就慢慢走,上街;

办完事后就回来;

然后就做饭,吃饭(有时候,回来晚了,天就黑了);

晚上吃饭后就睡觉。

只要自己还能动,还是要自己上街买东西,因为不上街买东西的话,别人给带东西不考虑价格,有时候会很贵。

儿子建房子时,帮着送开水,跟儿子一起吃饭。

震后重建政策具有普惠性,但仍需要针对弱势群体进行完善。首先,在政策制定之前对部分弱势群体进行必要的了解,震后的规划过程中要提高弱势群体在灾后重建规划中的影响力。其次，要通过持续的政策评估，及时发现灾后重建发展中的盲区和可能被忽视的部分群体。最后，对于政策受惠者的界定要清晰，正式的政策制度在执行之前需要考虑当地的文化特性与传统的社会制度，例如在以户籍为标准的农房重建修复体系中，就可能要考虑当地的户口实行情况是老年人一般都没有户口，而信用社又不会为 60 岁以上的老人提供贷款，那么就要针对这部分受灾人群进行特别的政策回馈与修改。

2. 重建的集中对材料价格的影响

集中大规模建房导致的成本提升抵消了国家补贴，超前的建房标准给农户形成了债务，给生计恢复及其可持续性带来了不利影响。表 4-2 所示为建材、劳务价格在地震前后的对比情况。

表 4-2　建材、劳务价格在地震前后的对比情况①

建材名称	地震前的价格（2009 年之前）	地震后的价格（2009 年 4 月）	涨幅
砖头	0.23 元/块	0.58 元/块	152%
钢筋	108 元/根②	165 元/根	52%
石子	180 元/车	360 元/车	100%
水泥	340 元/吨	580 元/吨	70%
瓦	1.0 元/片	1.7 元/片	70%
木头	600 元/立方米	800 元/立方米	33%
卷板	105 元/块	140 元/块	33%
小工	30 元/天	60 元/天	100%
大工	60 元/天	120 元/天	100%

尽管在重建过程中，政府部门可以通过各种手段平抑建材价格，适时采取规定限价、限定差价率或利润率、提价申报、调价备案等干预措施，以及由相关价格主管部门、其他相关部门和行业协会组成产销地临时价格协调机构，协调建材临时价格，出台干预政策和措施，以及时调整临时价格。然而，由于建房时间的限定，在有限的市场供给条件下价格必然会上涨，这样的市场规律是政策调整难以控制的，也是在政策制定时需要加以考虑的重要因素。

① 由于距离震中的距离不同，价格在各地区也呈现出不同的差异，本表所列价格为均价。该资料来自：《汶川地震灾后贫困村（15 村）救援与恢复重建政策效果评估研究》（2009 年）的调查数据。本表数据仅用于对比震前震后的价格变化，与陡嘴子村情况无关。

② 调查点农民的计量单位。

第二节 基础设施修复与建设

基础设施修复与建设包括村级道路、水利设施、公共服务设施修复与建设三块内容。基础设施修复与建设采用以工代赈和集资的方式弥补国家投入资金的不足。但是在灾后重建密集的资金支出状况下,基础设施建设的村民出资方式无疑增加了村民的经济负担。

一、村庄基础设施修复与建设概况

陡嘴子村的基础设施建设如表 4-3 所示。

表 4-3 陡嘴子村基础设施建设一览表

项目内容	项目起始时间	项目资金来源及金额
硬化四组和七组主干道 2.3 千米	2008.8—2008.10	国家补助 29.5 万元,自筹 23 万元
村道水泥路 3.3 千米	2008.10—2009.2	国家补助 80 万元,自筹 29 万元
入户路 2 千米	2010.1—2010.3	UNDP 补助 10 万元
夏湿田沟渠改造 3 千米	2009.2—2009.12	国家补助 20 万元,自筹 11 万元
武引农渠 2.5 千米	2009.11—2009.12	UNDP 补助 13.5 万元
人畜饮水工程 15 千米	2009.1—2010.8	国家补助 40 万元,自筹 12 万元
公共服务设施(村委会办公点)	2010.3—2010.12	国家补助 32 万元,UNDP 补助 17 万元

陡嘴子村基础设施建设情况一览表的信息来自陡嘴子村所在的白蝉乡政府,白蝉乡党委和乡政府作为陡嘴子村灾后重建的直接主管部门在村庄灾后重建发展中起到了重要的作用。这种重要作用主要体现在村庄之间的重建与发展的协调上。在乡政府的协调下修建道路和水渠,可以使几个村庄受益,并且能够有效节约成本。

到 2010 年 8 月,陡嘴子村的基础设施建设取得了不小的成果:在道路修建上新建了村道水泥路 3.3 千米和入户路 2 千米,硬化了组道 2.3 千米;进行村庄小水利的修建与改造;修建了公共服务设施。国家直接投入资金共计 201.5 万元;UNDP 共计投入资金 40.5 万元;群众自筹 75 万元。村庄基础设施建设共计投入资金 317 万元。国家直接投入的资金占到了资金总数的 63.6%；UNDP 资金投入占到了资金总数的 12.8%；群众自筹资金占到资金总数的 23.6%，如图 4-4 所示。

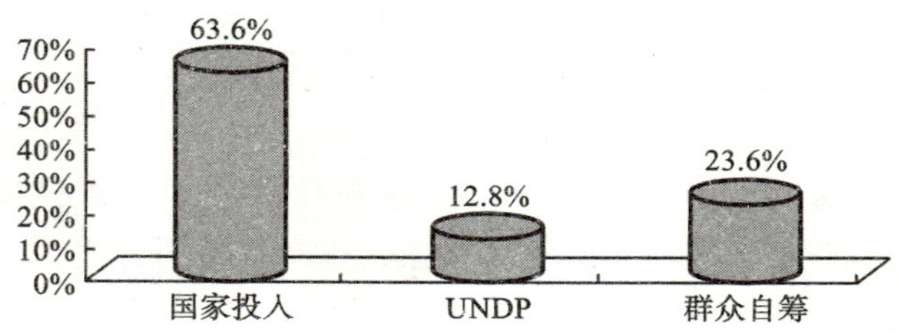

图 4-4　基础设施建设资金投入结构（2010 年）

值得注意的是，基础设施建设中的群众集资形式会给村民增加经济负担。城市道路的修建并没有通过城市居民筹集资金，农村道路的修建却要村民进行资金筹集，这也是城乡不平等的一种表现。在基本权利上，应保证农户在公共建设中享有国家投资建设的权利。

村民资金负担的两个案例

案例一

贺某，43 岁，家里有 3 口人，重建时共花去资金 12 万余元。政策补贴 2 万元（贫困户），自筹 5 万元，借贷 5 万元。现在已经修好地震后的房子，村公益设施重建集资时缴纳款项 2 400 元。

案例二

张某，女，四组人。家庭人口 4 人。重建时，异地重建砖混楼房 320 平方米，花去资金 13 万元，享受政策补助资金 1.9 万元，向亲戚朋友借款 6 万余元，贷款 5 万元。村公益设施重建集资时缴纳款项 2 750 元。

村庄基础设施建设应该以国家投入或其他途径的资助为主要的资金筹集方式，村民可以通过以工代赈的方式参与基础设施建设。不论资金来源是外部资助或国家投入，村民对于基础设施建设决策规划的参与权是同等的。贫困村基础设施建设通过以工代赈的形式发挥出多元化的益处：通过参与村庄基础设施建设提升参与者的主人翁意识，提高参与者的社区参与意识；通过在村庄建设中投入自己的劳动，能够更加主动地维护村庄基础设施；在基础设施建设中能够获取一定的报酬，能够提高参与者的经济收入。

二、村庄基础项目的整合运作

(一)村道建设与农房重建的效果整合

村庄基础设施的恢复与建设对于村庄产生的积极作用主要表现在以下两方面。第一,为农户住房重建提供便利的交通,减少由于路况不良而增加的额外运输负担。但是由于运输重建材料的车辆超载,在重建过程中反而对道路产生一定的破坏,对此,陡嘴子村专门组织了人员在村级道路入口处进行监督。第二,保证了农业生产能够及时进行,为生产能力恢复提供了保证。

访谈记录

问:地震之后村里道路、水沟变化大不大?

答:组里重要的事情是修路,政府要关心一下,私人修路没钱,因为现在建房已经花尽了钱,没钱去修路,另外卫生、沼气、水也需要钱,清洁卫生很重要。我平时积极参加村里的事务,特别是公共事务,修路修桥……

现在到我家的路不好,修房子时,运沙子都要转车,转两次,20 元/车,修房子花了 1 000 多元钱用来转车,另外,一旦下雨路不好,根本无法走。……

村里的路与入户路要修。如果路不好,修房子运砖时,费钱又耽误时间。下雨天上街不方便,而且下田也不方便。

(资料来源:B-04-R)

从住村访谈资料可以看到村庄道路恢复与建设对农房重建与村民生活产生的积极效果。但是基本经验是,对基础设施建设与住房重建必须进行整体规划。基础设施绝不仅仅是配套设施,它实际上是村民生产生活中不可或缺的关键要素。整体规划包含两个层面的内容:一是要从范围上对村庄道路进行整体规划,然后选择整体建设或分步建设;二是要在时间上进行整体规划,一方面农户住房修建中材料运输与生活依赖村庄道路,另一方面过度使用和超载运输的情况会损坏村庄道路,不仅浪费资源,而且影响村庄发展。因此,要考虑村庄道路与农房修建的整合效果,要从村庄发展全局和整体上进行规划、协调与安排。

（二）公共建设中的项目资金整合

在与白蝉乡乡长的访谈中得到一个信息：由于村庄外部的项目资金并不能够完全满足项目完成的需要，因此需要对项目资金以“打捆”的方式来进行整合，结合村庄劳动力资源和群众自筹资金实施道路修建工程。陡嘴子村在震后共修建了村组水泥路6千米、碎石路4千米、入户路3千米，这些道路的修建资金全部整合了政府部门的灾后道路修复资金、UNDP入户路建设的援助资金、村民自筹资金，以及以工代赈的形式投工投劳。

地震前，村里的水利工程建设就是采取村民和政府共同出资、村民以工代赈的形式进行的。当时的水利工程具体安排是村民筹资然后将水渠挖成形，水渠的硬化由政府拨钱完成，没有出钱的村民通过以工代赈的方式出资。

在基础项目的实施过程中，当地乡政府成立了专门的实施机构以确保项目顺利进行，并对项目实施进行质量监督与检测。陡嘴子村分别成立了“灾后重建试点领导小组”、“项目实施小组”、“项目监管小组”，并且由绵阳市游仙区扶贫办对陡嘴子村各组组长、群众代表进行了培训，培训内容主要是灾后重建的规划方法、项目实施的方法、项目监管的方法等。

（三）公共建设中的以工代赈

在工程实施上，虽然陡嘴子村的公共设施建设并不完全是以工代赈的形式完成的，但是以工代赈产生的效应是非常积极的：不仅可以利用本村的劳动力，而且在劳动力的使用上节约了工程建设的成本。

早在2005年4月，村里修建由白蝉街上到一组变压器的主干道时就是采用以工代赈、包工不包料的方式进行的。当时工程为2 600米×3.5米的水泥道路。村里通过对村民采取集资的形式筹集修路资金，不能出钱的村民就出力，然后与修建工程方协商，采用“包工不包料”的方式，也就是所有材料由村里购买，施工方只进行施工的方式修建。

（资料来源：2009年11月28日与村委会委员的访谈）

在震后进行村级道路修复与入户路修建过程中，村里继续采用了村民集

资的方式,但有所区别的是,村里的道路修建采取公开招标的形式承包给了施工队,达到了节约道路修建费用的目的。这种方法的创新之处就在于对项目资金进行整合,收到了汇集小资金做大项目的效果。同时通过以工代赈代替农户筹资的方式可以减少农户在灾后重建中的货币支出。

(四)水利设施恢复与建设的筹资方式

该村在灾后新开挖并硬化武引农渠4.5千米;新挖了塘埝4口,精修2口,新增蓄水5万立方米;开挖并硬化夏湿田排湿沟渠3.3千米,改造夏湿田500亩;维修武引沟农2千米、山坪塘9口、石河堰1处。

其实在地震之前,村里的水利工程建设就是采取村民和政府共同出资,村民以工代赈的形式进行的。当时的水利工程建设的具体安排是村民筹资然后将水渠挖成形,水渠的硬化由政府拨款完成,没有出钱的村民通过以工代赈的方式出资。

资 料

水利筹资方式

村民出资主要是按照土地产量与水渠使用的程度来出资的:

一组:173元/1 000斤;

二组:190元/1 000斤;

三组:224元/1 000斤;

四组:192元/1 000斤;

五组:188元/1 000斤;

六组:198元/1 000斤;

七组:177元/1 000斤。

每个组的村民按照家里的土地总量乘以每组的每千斤(1斤=500克)产量集资数得出需要集资的总数。无法出资的村民按照男性30元/天,女性20元/天的劳动力价格以工代赈

(资料来源:2009年11月28日与村委会委员的访谈)

水利设施工程的建设在资金筹集上仍然是采取政府、UNDP、农户共同出资,农户以工代赈的形式出资。工程进入投标程序,中标的施工方进行施工,但是在工程的建设之中,雇用了当地村民参与项目的建设。以工代赈也有较多整体效果:增加了当地村民收入;通过劳动,增强了当地村民劳动创收的意识;通过自己参与到项目的建设中来,使得自己对于项目工程有一种自觉地维

护意识。

第三节 能源改造与环境保护建设

在灾后重建的规划与实施中，生态环境保护是一个重要的考量因素，在村庄的产业发展规划中也将生态环境保护作为重要的产业发展目标。例如在《游仙区陡嘴子村灾后重建总体规划》、《游仙区陡嘴子村灾后重建实施方案》中将群众的现实需求与长远发展相结合，将贫困村建设与产业发展相结合，将该村产业优势与绿色产业示范区相结合，由此提出了发展绿色产业的基本目标。

当地农户都有养蚕的传统，而蚕对其所在的环境是非常敏感的，所以农户在住房修建与重建的过程中会自觉保护周围的生态环境，减少对污染较严重的涂料和建筑材料的使用，以便房屋修建好后尽快开始养蚕。为了尽量节省建筑成本，对旧房屋的材料普遍按照"能用则利用"的原则进行处理，因此没有出现过多建筑垃圾污染环境的现象。

养蚕作为一种生产方式为村民提供了额外的货币收入，而养蚕业也作为一种生活方式保证了村庄的低碳生活。蚕粪倒入沼气池可以产沼气，桑树枝是很好的燃料。通过圈舍改造与沼气池改造，为更多的村民使用清洁环保能源提供了保障。一般而言，在夏季，一个四口之家可以一日三餐都用沼气做，在冬天，则可以做一顿饭，其余两顿饭的燃料主要依靠桑树枝。陡嘴子村的未来发展规划中提到将通过养兔来增加农户的货币收入，而兔子也是陡嘴子村生物链和能源链中蚕的很好的替代物种。

一、生活设施改造项目

村庄生活设施的改造结合 UNDP 关于对贫困户的重建援助项目进行，该项目是为 40 户贫困户每户提供 2000 元的资金，进行圈舍改造与沼气池改造，以帮助贫困户改造居住环境，发展养殖业。当地乡政府则根据灾后重建的资金和新农村建设需求，提出了具体的建设目标：一是以建设优美环境为重点，对地震灾害废墟和倒塌房屋进行清除，造田还耕；二是统一建筑风格，按照标准图对重建住房进行外部装修，呈现出新农村建设风貌；三是做好农户配套设施建设，新挖卫生井 100 余口，恢复改造卫生井 130 口，新建沼气池 50 口，恢复改造沼气池 80 余口，改厨房、改厕所 170 余户；四是以建设"美好家园"为载

体,动员群众清除了道路两旁、房前屋后乱堆乱放的柴草杂物、垃圾以及乱搭乱建的附属设施,普及健康常识,提高村民素质,改善村民的生活环境。

陡嘴子村的圈舍改造工程惠及村里的50户贫困户,共计建设1 500平方米。农户在住房重建过程中则根据自己的修建需要将圈舍改造与厨房设施的改造与修建结合起来,将厨房、厕所、沼气池、猪圈及牲畜养殖场所、院坝的修建结合起来,改造生活设施,改善生活场所的卫生环境。农户圈舍改造的功能模式如图4-5所示。

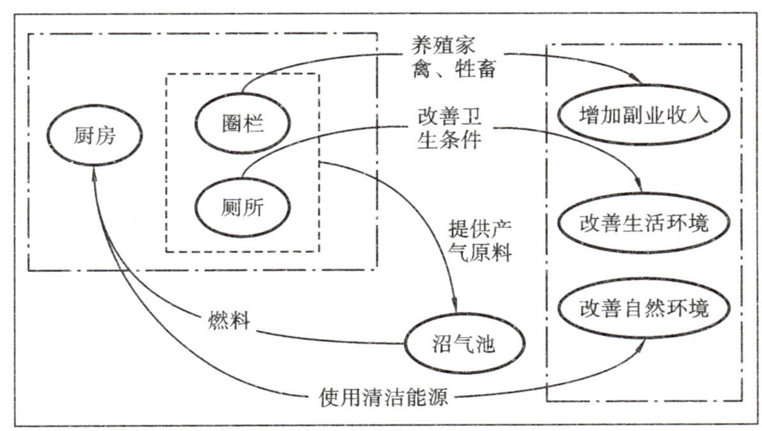

图4-5 农户圈舍改造功能模式图

总之,在村庄基础设施项目的建设中,村民、政府、外部援助三位一体对项目进行实施和管理,不仅有效整合了援助资源,而且有效整合了村民的智慧,体现了村民自主重建与外部援助在资源上的整合,还体现了村民的灾后重建参与领域和途径的扩大与规范。

陡嘴子村灾后重建贫困户圈舍改造统计见表4-4。

表4-4 陡嘴子村灾后重建贫困农户圈舍改造示范统计(2009年)

组别	户数	户别	人口共计	改建圈舍共计/平方米	投资概算总计/元	农户自筹总计/元
陡嘴子村一组	9	贫困户	28	270	31 500	13 500
陡嘴子村三组	8	贫困户	23	240	28 000	12 000
陡嘴子村五组	20	贫困户	66	600	70 000	30 000
陡嘴子村六组	6	贫困户	23	180	21 000	9 000
陡嘴子村七组	7	贫困户	26	210	24 500	10 500

二、"五改三建两提高"

"五改"即改水、改路、改厨房、改厕所、改圈栏。改水就是改善用水条件，让农民饮用自来水或过滤井水；改路就是把公路修到村组，把水泥路或石板路连到农户；改厨房就是修建节能灶，让厨房整洁、卫生、明亮；改厕所就是修建卫生厕所，配套建好浴室，改变人畜共厕状况；改圈栏就是将牲畜圈栏建成新式水泥圈栏。"三建"即建池、建家、建园。建池就是修建沼气池；建家就是建好农家房舍；建园就是建好经济致富园，大力发展庭院经济。"两提高"即提高村级组织战斗力，提高农村文明程度。通过实施"五改三建两提高"，使生态家园文明新村成为全市经济建设小康村、支部建设先进村、精神文明建设样板村、生态家园建设示范村。

"五改三建两提高"是整村扶贫推进中的具体要求，陡嘴子村通过把"五改三建两提高"和贫困户改造圈栏进行整合——整合资源、整合项目要求。经村党支部、村委会及群众代表讨论确定，贫困户的标准通过群众民主评选，本村贫困户 50 户，每户补助资金 2 000 元用于"五改三建两提高"，除此之外申请 UNDP 项目补助资金 10 万元进行圈栏改造，帮助农户改善环境、发展养殖业。

三、清洁能源的使用

陡嘴子村在震前就有村民在使用沼气，在农村使用沼气的好处就在于不仅能够保证厨房的清洁卫生，而且使用方便，此外，沼气的使用可以有效改善环境，减少村庄烧柴火的碳排放。地震之后，陡嘴子村重建户与加固户都将沼气池的修建纳入了住房重建与修复计划，但是沼气池建设在灾后重建农户意愿排序中处于靠后的位置。三次问卷调查的数据显示：地震后约有 21.1％的受访者家里的沼气池还能使用，到 2009 年 12 月有 18.9％的被访者家庭的沼气池能使用，2010 年地震 2 周年时调查显示已经有 36.3％的被访者家庭完成沼气池建设并开始使用，另有 13.8％的被访者家庭已经启动了沼气池建设。

对于农户而言，沼气首先是作为一种低价能源，其次才是一种清洁能源。因此，农户在选择过程中，对建设沼气池所需要的实际物资和近期成本的考虑要优先于对使用沼气将产生的长远效益和环保效益的考虑。在灾后重建密集的资金投入情况下，农户更愿意选择使用传统的柴火而不是沼气。但是，在房屋重建完成之后，传统的柴火会污染新建的房屋，因此很多农户会选择将做饭的地点暂时选在被地震破坏的老房中。根据 2009 年 11 月驻村调查发现：仍

然有 71.4%的被访农户没有在新房中做饭,81%的被访农户不在新房上厕所。同一个调查的数据显示:有 58.6%的被访者房屋修建已经完工。可见,农户新房完工之后并未完全在新房中生活,很多生活配套设施还没完成,如厕所、厨房及沼气池等。

访谈个案

个案资料

1. 二组。因灾返贫、特重灾户,地震后是倒房户。

2. 5 口人。这是一种典型的农村家庭结构,儿子媳妇外出打工,老头与老伴带一个孙女留在家里守着新房,建房资金结构与儿子收入有关,还款计划则影响家庭收支方式与消费方式。

3. 建房情况:2008 年 8 月(农历)—2009 年 2 月(农历)

(9×12 平方米)×3 层=108×3 平方米

在房子后面修了 4 间小青瓦房。

共花费 15 万元(贷款 3 万元,利息 6.4%,自己有 3 万元,国家补助 1.9 万元,其余向亲朋好友、邻居借。)

儿子以前做生意亏了十几万元,所以建房子要借钱,借的钱由儿子还。水泥路一直通到门前。

访谈记录

借了那么多钱,我与老伴在家建房子,让儿子与媳妇腾出手去外面赚钱来还债。要尽快把债还了,不给国家添麻烦,现在已经还了 3 000 元钱。我跟儿子、媳妇说了,要尽快在 3 年之内把债还了。虽然房子倒了,还是要有信心,要自力更生,不要总是等国家的。

震前:儿子负责孙女读书的费用。

震后:儿子还负责建房赊账与贷款的偿还。

沼气池现在还没修,已经报上去了,现在还是烧柴,都是自己去山上砍柴。

用沼气更好,天然气是要钱的,沼气要实惠些,现在建沼气池还要一笔资金。

原来是自己建的沼气池,地震震坏了,去年才修通水泥路,以前冬天和夏天都可以用沼气,蚕粪、猪牛粪、高杆一起就可以用了。

每年化肥、农药使用情况：

8 瓶农药×7 元/瓶＝56 元；

7 包尿素×72 元/袋＝504 元；

7 包碳胺×33.5/袋＝234.5 元。

问：地震后你觉得政府的救灾政策如何？

答：震后政府的政策与措施基本上还是解决了老百姓的困难，虽然说水是引来的，但蓄水问题是需要解决的。现在缺资金，以前有个地方叫养鸭场，现在停了没利用，应该利用起来，也可以解决一些资金困难。农业科技方面，或其他技术方面，都应该办些学习班，现在没技术难得很，出去打工的话，人家都不要，只能做些体力劳动。

（T-05-R）

农户建设清洁能源较缓慢的原因主要是：第一，因为建房，农户的资金支出和借贷已经达到了饱和程度；第二，农户对于生活配套设施的要求并不很高；第三，对沼气池的建设村里有统一要求。陡嘴子村统一订购沼气池的缸子，使用了这种缸子的沼气池与以往没有使用这种缸子的沼气池相比，可以有效防止沼气泄漏，能够提高沼气的产气量与使用效率。

资料

玻璃钢拱盖沼气池的特点

玻璃钢拱盖沼气池是指沼气池气箱部位采用玻璃钢，其余部位采用砖混或混凝土结构的沼气池。它主要具有以下特点。一是投资总成本小。虽初始建池成本略高于同池容的普通沼气池，但建成后寿命期（20 年以上）内基本不需维修维护，而普通沼气池每 3～5 年必须对气箱部分进行维护，实际总成本高于玻璃钢拱盖沼气池。二是产气效果好。由于高分子玻璃钢材料的孔隙为 1×10^{-10} m，混凝土的孔隙为 5×10^{-8} m，甲烷分子直径为 4×10^{-9} m，因此在有压力的情况下，甲烷分子直径决定了沼气容易从混凝土中渗漏而不容易从玻璃钢材料中渗漏，因甲烷分子直径比玻璃钢材料的孔隙大 40 倍，因此甲烷分子难以通过玻璃钢沼气池拱盖，从而大幅度地提高了沼气池的防渗漏水平。三是操作简便施工快。气箱是沼气池施工质量的关键部位，用玻璃钢拱盖做沼气池气箱，不但质量有了可靠保障，也省去了普通沼气池气箱部分“三抹四刷七层做法”的繁杂工序，工期可缩短 3～4 天，减少技工 2 个工日。

（资料来源：四川农村能源网，网址：http://www.scnn.cn/page244.htm）

可见,通过使用玻璃钢拱盖沼气池可以有效提高沼气池的产气效果、减少沼气池的维护并且相对容易施工。因此,在清洁能源的使用上应该有几个值得借鉴的地方:第一,贫困村村民的资金有限,灾后的恢复能力也很弱,完成了基本的灾后恢复后已经没有资金进行新的建设,因此在灾后重建中,灾害之前没有的建设项目或内容应该给予适当的资金补助或全部技术支持;第二,新的灾后重建理念如果能够以当地的生活经验或实践为载体,则更容易被接受。沼气作为当地使用已久的一种能源方式已经被当地人接受。虽然当地人在使用沼气时并未意识到使用沼气是一种保护环境的行为,但是作为一种廉价能源已经被村民接受。在灾后重建中,通过引入新的环保观念与使用沼气相结合,逐渐树立村民的环保观念,通过新的沼气设备和技术的引入,提高了建设、使用沼气池的效率。

第四节 农户生计发展

地震灾害加深了陡嘴子村村民的脆弱性,灾后重建虽然恢复了村庄基础设施与住房,但是村民在重建中负债重,急需增加收入,走持续生计发展的道路。陡嘴子村在灾后重建中发展生计的措施有:通过国家扶贫的一系列计划与灾后重建项目的综合实施,促进村庄发展水利设施和农田改造;结合村庄的经济产业发展与缺乏资金的实际情况成立互助资金组织,村庄自己组织劳动技能培训,丰富日常文化生活等。

一、生态产业发展项目

在产业发展上,根据陡嘴子村的产业发展优势,结合白蝉乡提出的发展丝绸产业思路,继续发展养蚕产业,同时发展养兔业。具体的做法就是村民成立养兔合作社,根据“大户带小户”的原则进行养兔分配。首先由大户重点发展,然后免费把种兔按照“一公四母”一组发放给小户,带动小户发展养兔业。资金来源主要分为两部分,一部分是依托扶贫开发项目资金,另一部分由养兔合作社的村民自筹。

项目目标:在本村发展小型养殖户 20 户,每户修建一个圈舍,面积为 30 平方米,每户引进种兔 2 组(一公四母)自繁养。养殖 6 个月后,产出成兔,归还原配送的兔种,使第二轮发展养殖的农户,达到平均每户圈养 3 组,依次发展，借鸡下蛋，降低投入成本。

项目预算：发展小型养殖户 20 户，每户配送种兔 2 组，补贴 1 000 元圈舍改造费：每组种兔 2 000 元，共 80 000 元；圈舍改造每户补贴 1 000 元，共 20 000 元。养兔业合计补贴 100 000 元。

项目实施的资金筹措：大户总投资为 231 350 元，其中项目扶持资金 15 万元，业主自筹 81 350 元。中型户每户总投资为 8 500 元，其中项目扶持每户 5 000 元，农户自筹 3 500 元。

效益分析：肉兔有较强的繁殖能力，年产仔兔每组达 2 100 余只，三个月育肥成品兔，每只兔按 2.5 千克计算，市场价格 16 元/千克，每只兔子 40 元，除去成本（仔兔 10 元/只，防疫费 2 元/只，饲料人工费 18 元/只，共需 30 元/只），每组种兔一年的纯收入为 21 000 元左右。利用滚雪球的方式，借鸡下蛋，有序发展，降低投入成本，预计 2 年内全村全面发展养兔业，形成一村一品，可解决农村劳动力就业问题，劳动力缺乏者也可养殖。可充分利用资源，与养蚕产业形成链条产业。

组织管理：成立养兔专业合作社，由村支部书记任社长，负责产业发展的组织协调工作；村主任任副社长，负责产业的技术监督、技术人员的管理和产品的信息，监督产业的有序发展；培训 2～3 名技术骨干，负责全村的养殖的疫情防控、疾病治疗，养殖户按成品兔的兔数另给予适当的劳务补偿；采取自愿参加合作社的方式，参加合作社的养殖户必须服从合作社的管理章程，做到有序发展。首批发展的养殖户在半年内必须还回种兔以便二轮村民的产业发展。陡嘴子村生态产业的产业链如图 4-6 所示。

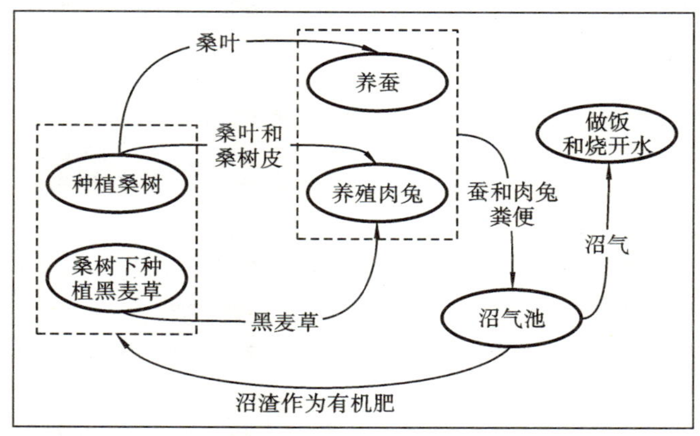

图 4-6　陡嘴子村生态产业的产业链示意图

除了发展养兔业之外，还改造桑园 300 余亩，新增桑园 100 亩，年养蚕规

模达到 5 400 余张,较灾前新增 1 100 余张;发展优质大豆产业,已发展 1 000 亩,每亩平均增收 400 元;发展养殖业,现全村新增养猪大户 10 户,水产养殖 40 余亩,全村生猪出栏达 1 200 余头,小家禽养殖 1.2 万余只。

二、互助资金

村民互助资金对完善财政扶贫资金使用管理体制,提高村民自我组织、自我管理、自我发展能力,帮助贫困户筹集发展资金、提高生产技能、增加收入,从而最终脱贫起到很大作用。陡嘴子村成立了村级互助资金组织,并且选举了理事长、会计和出纳。资金来源除了村民自筹外,还有扶贫办专项互助资金和社会捐款。此外还有妇女互助资金,用于妇女发展生产之用。建立由妇女组成的互助资金合作组织,利用互助资金发展生产性项目,发展养蚕业和规模性种植等。陡嘴子村妇女互助资金项目花名册如表 4-5 所示。

表 4-5 妇女互助资金项目花名册(2009 年 12 月)

户别	户数	性别	所在小组	家庭人口/人	缴纳互助金/元
重灾户	5	女	陡嘴子村一组	15	2 500
轻灾户	5	女	陡嘴子村二组	18	2 500
重灾户	2	女	陡嘴子村二组	7	1 000
重灾户	2	女	陡嘴子村三组	6	1 000
轻灾户	3	女	陡嘴子村三组	11	1 500
特困户	1	女	陡嘴子村三组	2	500
重灾户	3	女	陡嘴子村四组	10	1 500
轻灾户	1	女	陡嘴子村四组	5	500
轻灾户	1	女	陡嘴子村五组	3	500
合计	23	—	—	77	11 500

(资料来源:陡嘴子村村委会)

三、技术培训

陡嘴子村村委会组织安排了养蚕技术培训,组织每个组的养蚕户到绵阳市学习养蚕技术,集体购买了养蚕工具,并且由村委会委员和养蚕能人不定期为农户进行养蚕技术培训。此外,全村参与劳务扶贫等务工技能培训的村民达 200 余人次,现常年在外务工人数 195 人,年创收 290 万元。

四、村民文化娱乐

村民在灾后重建中利用来自住房和城乡建设部的援助资金，修建了新的村委会办公房，并改建了村卫生室、文化室，共 120 平方米，成立了村老年协会，开展文艺活动。陡嘴子村的文艺活动不仅组织性很强，参与程度也很高。在每年的春节、重大节日中都有出色的表现。在田野调查中发现，村民的文化娱乐生活丰富更多得益于村民对于文化娱乐生活的需要，在自我组织下，村民进行各种文艺表演。

陡嘴子村的村民文化娱乐活动有一个重要的组织载体就是村老年协会，而村老年协会中不乏热心于村庄公益事业与文化娱乐的村民，在这些村民的努力下，村民的文化娱乐生活需要整合在以老年协会为重要载体的文化生活中。当乡里需要进行文艺汇演时，老年协会就充当了组织村民排演节目的角色，利用闲暇组织村民练习歌舞，凑钱购买服装道具等。

我们乡组织三八妇女节汇演，我们都参加，我们自己跳秧歌，我们自己做花鼓，而且我们还拿了第一名。以前都是我们自己搞，大家都喜欢，喜欢得很。以前是我们自己凑钱，后来书记和主任还有党员就给我们捐钱，我们拿去买衣服、买音箱去乡里跳舞。平时晚上我们就在村委会前面的坝坝(指村委会前面的小广场)跳舞，大家想来的就来，跳得好的就组织排练。

(资料来源：B-04-R)

在进行田野调查的过程中，调查人员参观了来自成都的中国法学会下乡宣传法律的活动。调查人员亲身感受了当时的活动。通过观看来自中国法学会的志愿者们带来的文化节目与法律宣讲，了解到在灾后重建与外出务工过程中可能会碰到的法律纠纷以及处理方法。值得一提的是，陡嘴子村老年协会也即兴组织表演了两个节目，以表达村民对于外部援助的感谢。

总之，灾后重建的目的不仅是恢复重建，更为重要的是要达到可持续生计发展的目标。不仅要恢复村庄往日的安宁，还要持续发展村民的生产生计，让陡嘴子村成为村民生活的乐土。

第五章

灾后两周年：回顾与总结

地震灾害带来的损失是巨大的，需要持续投入时间、物资及人力来进行恢复与建设。从陡嘴子村的灾害损失情况来看，村庄恢复需要投入人力、物力对基础设施以及村民的生活设施进行建设与恢复。对于一个受灾的贫困村来说，由于财力的先天匮乏，灾后恢复就需要得到来自外部的资金支持。村庄灾后恢复效果的评价内容，不仅包括援助项目发挥的功能，而且包括农户抗灾能力、参与能力和生产能力的提高情况。陡嘴子村灾后恢复效果比较显著，其特点在于不仅村民日常生活得到恢复、村庄基础设施得到完善、村庄环境与卫生状况得到改善，而且村民灾后重建信心增加、社区参与能力增强、风险意识提高。

第一节 村民日常生活恢复

在需要恢复重建的项目中，最令人关注的是居民的日常生活是否恢复到了灾前的水平。只有基本生活恢复到了稳定、有保障的基本状态，村民才会有决心和信心去从事灾后重建工作。通过 2009 年 10 月中旬 UNDP 委托北京师范大学开展的中期回顾调查可以知道，陡嘴子村村民的基本生活在灾后都恢复了正常。例如，村民的吃饭、饮用水等日常生活问题基本上都恢复了正常。北京师范大学的中期回顾调查表明，村民在震后一个月吃饭问题比较突出，但是到了目前，根据相关人员的调查，村民已经能够保证一日三餐，并且定期吃肉了。在饮用水的使用、房屋居住方面也随着村庄重建得到了完全改善。

从图 5-1 可以看出，震后一个月与震前的情况相比，居住空间在地震后有一定程度的减少。调查结果显示，每个家庭成员（成年人）都有自己卧室的家庭减少 5 户，占全部受访者（39 人）的 12.8%；每个家庭都有专门做饭的房间的家庭减少 5 户，占全部受访者的 12.8%；每个家庭都有单独厕所的家庭减少 3 户，占全部受访者的 7.7%。

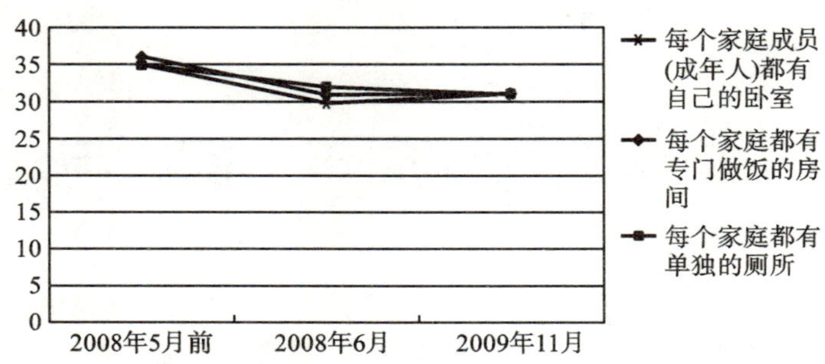

图 5-1　陡嘴子村居住和卫生设施修复与完善情况对比

地震后，陡嘴子村村民的生产逐渐得到恢复，经济条件逐渐好转，收入、居住、饮食、出行等方面都大有改善，他们的生活满意度在不断提升，如图 5-2 所示。

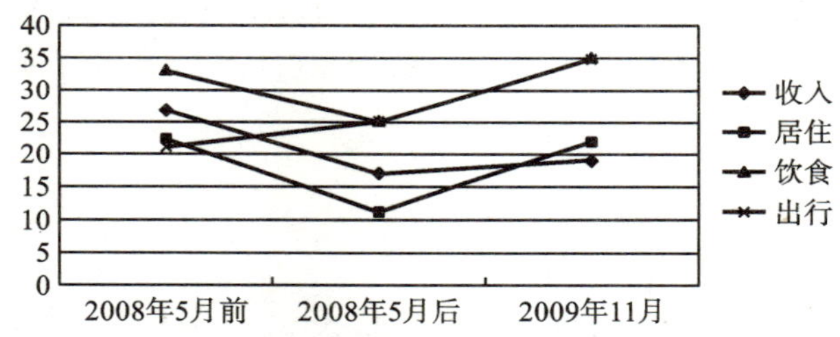

图 5-2　陡嘴子村村民的生活满意度情况

从图 5-2(图中纵坐标表示选择该项的被访者占样本总数的百分比)可以看出，地震后陡嘴子村村民对收入、居住、饮食、出行的满意度都在不断提高，就收入而言，在全部的受访者中，在 2008 年 5 月前和 2008 年 5 月后分别只有 3 人表示满意，但是 2009 年 12 月后有 7 人表示满意，占全部受访者(38 人)的 18.4%；同样就出行而言，2008 年 5 月前只有 4 人表示满意，但是随着震后该村基础设施建设的进行，该村在 2008 年 5 月后和 2009 年 11 月对出行很满意的受访者达到 6 人，占全部受访者(38 人)的 15.8%。

同样，这一趋势还可以从受访者中的“不满意”人数反映出来，从统计数据看，该村村民对收入、居住、饮食、出行的不满意程度在下降。仅从出行来看，在接受调查并作答的 38 个村民中，在 2008 年 5 月前对出行不满意的受访者有 17 人，但是这一数据在 2008 年 5 月后减少到 13 人，并且持续减少到 2009 年 11 月的 3 人。

表 5-1 日常生活是否恢复到了正常状态

	频次		百分比/(%)	
	2009 年	2010 年	2009 年	2010 年
是	43	66	63.2	82.5
否	25	14	36.8	17.5
总计	68	80	100.0	100.0

总体而言,陡嘴子村村民的日常生活逐步恢复了正常。如表 5-1 所示,从调查结果来看,2009 年有 63.2%的被访者认为自己的日常生活恢复到了正常的状态,还有 36.8%的受访者认为生活并没有恢复到正常状态。而 2010 年的调查显示,82.5%的被访者认为生活恢复到了正常状态,只有 17.5%的被访者认为生活没有恢复到正常状态。在生活质量上,有 37.5%的被访者认为生活质量比震前提高了,但是有 23.8%的被访者认为生活质量比震前下降了(见图 5-3)。

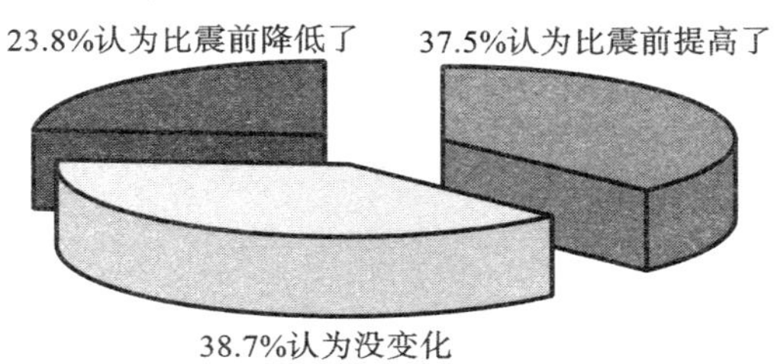

图 5-3 生活质量变化(2010 年 7 月)

第二节
村庄基础设施得到完善

从陡嘴子村公共基础设施的建设情况与受灾情况的比较可以看到:村庄基础设施的恢复重建工作进行顺利,不仅村庄道路得到了修复,而且新建了入户路并硬化了组道。为了适应村庄对水利设施的需要与发展,村庄在灾后重新开始了水利设施的建设,并通过夏湿田改造与堰塘修建的结合,完成了村庄小水利建设。

陡嘴子村公共基础设施受损和修复情况如表 5-2 所示。

表 5-2　陡嘴子村公共基础设施受损与修复情况对比

损失项目(2008 年 6 月)	重建项目(2010 年 8 月)
村级公路 1 千米 入户路 3 千米	村级水泥路 3.3 千米 入户路 2 千米 硬化组道 2.3 千米
桥(涵)4 座	桥(涵)4 座(由私人捐助)
村委会(活动室、卫生室)	村委会
灌溉渠道 6 千米	武引农渠建设 2.5 千米
山坪塘 9 口	
石河堰 1 处 提灌站 1 处	夏湿田沟渠改造 3 千米 生计发展、环境保护观念进入村庄发展与村民生活

一、村内道路

前面已经论述过，灾后重建过程中，道路恢复贯通是住房重建等其他多方面的恢复重建工作的前提，因此大多数村庄将道路建设作为基础设施建设的首要任务来完成。经过两年的建设，农户对村庄道路设施的恢复重建满意度也在上升(见表 5-3)："非常满意"和"比较满意"的被访者从 2009 年的 67.7％上升到 2010 年的 88.8％。2009 年的调查数据显示：有 16.2％的被访者表示不满意(包括"不太满意"和"很不满意")，主要是因为对入户路不满意，很多建材只能运到村道或组道，仍需要人工搬运至建房工地。但是经过一年的修建，不满意的人数下降到了 3.8％。

表 5-3　农户对村落道路恢复重建的满意状况

	频次		百分比/(％)		累计百分比/(％)	
	2009 年	2010 年	2009 年	2010 年	2009 年	2010 年
非常满意	24	38	35.3	47.5	35.3	47.5
比较满意	22	33	32.4	41.3	67.7	88.8
一般	6	6	8.8	7.5	76.5	96.3
不太满意	7	1	10.3	1.3	86.8	97.5
很不满意	4	2	5.9	2.5	92.7	100.0
不适用	5	—	7.3	—	100.0	—
合计	68	80	100.0	100.0	—	—

注：表中计算数据因为四舍五入，存在较小误差。

二、灌溉设施

陡嘴子村村民对灌溉设施重建的满意程度呈下降趋势(见表 5-4):2009 年对村庄灌溉设施重建感到满意的农户占本村被调查总数的 60.3%,而 2010 年的第二次调查显示满意人数只占到了被调查总数的 15%。不满意(包括“不太满意”和“很不满意”)的人数变化不大,2009 年为 26.4%,2010 年为 26.3%。调查数据表明村民对灌溉设施恢复重建的满意状况在下降。

表 5-4 农户对灌溉设施恢复重建的满意状况

	频次		百分比/(%)		累计百分比/(%)	
	2009 年	2010 年	2009 年	2010 年	2009 年	2010 年
非常满意	16	5	23.5	6.3	23.5	6.3
比较满意	25	7	36.8	8.8	60.3	15.0
一般	8	45	11.8	56.3	72.1	71.3
不太满意	16	7	23.5	8.8	95.6	80.0
很不满意	2	14	2.9	17.5	98.5	97.5
不适用	1	2	1.5	2.5	100.0	100.0
合计	68	80	100.0	100.0	—	—

注:表中计算数据因为四舍五入,存在较小误差。

陡嘴子村的灌溉设施建设为:2009 年 2 月开始到 2009 年 12 月建成的武引农渠,渠道全长 2.5 千米,资金主要来源为 UNDP 的 13 万元补助,此外还有同时进行的夏湿田沟渠改造 3 千米,资金主要来源为国家补助 20 万元,群众自筹 11 万元。第一次调查时间是 2009 年 4 月,当时这两个工程开始没多久,第二次调查时间是 2010 年 7 月,此时灌溉设施建设已经完成。两个水利工程可以简要概括为引水工程和排水工程。武引农渠是通过修沟渠将武引水库的水引入村庄来,这样可以解决村庄农业发展的水资源需求。村里的夏湿田沟渠改造是修建由四组的堰塘到村外的小河,这条沟的功能是排水,不仅可以将五、六、七组的部分夏湿田里多余的水排出,而且可以在雨季起到排洪的作用。

根据对村干部和村民的访谈得知,基础设施的惠及面是影响农户对灌溉设施恢复重建满意度的主要原因。灌溉设施与村庄道路一样,如果不是惠及全村的基础设施项目,就会面临资源分配的问题。

访谈资料

我们六组有一个抽水站，没有旱灾，就没用。我们六组、七组老堰塘是我们六组、七组的。你说是怎么回事？不可能的事情啊，那么大的一个堰塘，还会出现旱灾？全部秧子都干死了，根本没人管，我去开堰塘，但是邓书记说他们（四组）开头泡田，不让开，要等乡里给抽水，但还是干死了。

（资料来源 B-12-R）

访谈内容提到的老堰塘，主要功能是蓄水和泡田，并且还养鱼，它作为农业生产用水主要是面向四组，防洪水可以惠及五、六、七组。从访谈的内容可以看出，村里对于水资源的分配（基础设施使用分配）机制并不能让全村的人都满意，但村民对灌溉设施的规划还是比较满意的（见表 5-5）。第一次贫困村灾后重建评估的结果显示，2009 年村民对灌溉设施建设的规划合理性评价比较高，有 64.7％的被访者认为灌溉设施的规划是合理的。

表 5-5　对灌溉设施建设规划合理性的评价（2009 年）

	频次	百分比/（％）	累计百分比/（％）
非常合理	17	25.0	25.0
比较合理	27	39.7	64.7
说不清楚	9	13.2	77.9
不太合理	11	16.2	94.1
很不合理	1	1.5	95.6
不适用	3	4.4	100.0
总计	68	100.0	

从村民参与灌溉设施的建设情况来看（见表 5-6），有近一半的被访者（47.8％）参与了灌溉工程的建设。村民能够参与灌溉设施建设说明村民对村庄灌溉设施建设的支持，可见灌溉设施建设得到了至少 47.8％的人的支持。

表 5-6　灌溉设施建设参与情况（2009 年）

	频　　次	百分比/（％）	有效百分比/（％）	累计百分比/（％）
参与了	32	47.1	47.8	47.8
未参与	33	48.5	49.3	97.0

续表

	频　次	百分比/(%)	有效百分比/(%)	累计百分比/(%)
不适用	2	2.9	3.0	100.0
总计	67	98.5	100.0	—
缺失	1	1.5	—	—
合计	68	100.0	—	—

图 5-4 所示分别为被地震损坏和经过修复重建的灌溉设施。

被地震损坏的灌溉设施(2009年12月，王志丹摄)　经过修复重建的灌溉设施(2011年4月，齐瑞摄)

图 5-4　被地震损坏的灌溉设施和经过修复重建的灌溉设施

三、人饮设施

地震后，陡嘴子村的饮用水设施破坏严重，经过两年的重建，饮用水设施逐步得到恢复。2008 年只有 32.8%的被访者家庭完成了饮用水设施的修建，到了 2010 年已经有 55%的被访者家庭完成了饮用水设施的建设(见表 5-7)。而且从 2009 年底，村里开始连接乡里的自来水，很多村民开始选择使用自来水，而不是自家井水。

表 5-7　饮用水设施修建情况

	频　次		百分比/(%)		累计百分比/(%)	
	2009 年	2010 年	2009 年	2010 年	2009 年	2010 年
已完成	22	44	32.8	55.0	32.8	55.0
已启动	5	16	7.5	20.0	40.3	75.0
未启动	27	20	40.3	25.0	80.6	100.0
不适用	13	—	19.4	—	100.0	—
合计	67	80	100.0	100.0	—	—

调查人员住村调查期间观察到，陡嘴子村村民的饮用水主要是来自每家每户打的水井，一般井深 4～5 米，打井较浅的可能水质会差一些，打井较深的可能水质会好一些。而且水井也不是每家都有，几户住得近的会一起打井，当问到饮用水设施的修建情况时，会按照"一家一井"的标准来回答，所以实际完成饮用水设施修建的比例会比调查结果显示的高一些。

对于饮用水设施的满意度也在逐年上升，如表 5-8 所示，2009 年 32.3%的被访者对饮用水设施感到满意，2010 年有 71.2%的被访者对饮用水设施感到满意。不太满意的比例由 2009 年的 32.4%下降到了 2010 年的 12.5%。

表 5-8　农户对饮用水设施重建的满意状况

	频　次		百分比/(%)		累计百分比/(%)	
	2009 年	2010 年	2009 年	2010 年	2009 年	2010 年
非常满意	6	17	8.8	21.2	8.8	21.2
比较满意	16	40	23.5	50.0	32.3	71.2
一般	11	11	16.2	13.8	48.5	85.0
不太满意	22	10	32.4	12.5	80.9	97.5
不适用	13	2	19.1	2.5	100.0	100.0
合计	68	80	100.0	100.0	—	—

四、可再生能源

沼气是陡嘴子村村民很早就在使用的清洁能源，但是很多沼气池因地震强震动受到破坏，沼气产出受到影响。震后村里的可再生能源建设包括沼气池修建与天然气管道安装，但是天然气管道安装是从 2009 年 10 月天然气主管道安装到村子里之后才开始的。如表 5-9 所示，从两次调查的结果来看，2009 年完成可再生能源建设的被访者只有 6 户，占被访总数的 8.8%，18 户有修建打算但是还没启动。2010 年完成可再生能源建设的有 29 户，占被访总数的 36.3%，11 户已经启动了可再生能源修建，比例达到 13.7%。

表 5-9　可再生能源修建情况

	频　次		百分比/(%)		累计百分比/(%)	
	2009 年	2010 年	2009 年	2010 年	2009 年	2010 年
已完成	6	29	8.8	36.3	9.1	36.3
已启动	—	11	—	13.7	—	50.0

续表

	频次		百分比/(%)		累计百分比/(%)	
	2009 年	2010 年	2009 年	2010 年	2009 年	2010 年
未启动(有修建打算)	18	39	26.5	48.7	36.4	98.7
不适用	44	1	64.7	1.3	100.0	100.0
合计	68	80	100.0	100.0	—	—

村民对于可再生能源建设的满意度也反映了可再生能源的修建情况(见表5-10)。2009 年只有 11.8%的被访者感到满意(包括"非常满意"和"比较满意"),而到了 2010 年,满意的比例达到了 56.2%。虽然 2009 年有 72%的被访者选择了不适用,但主要是因为当时农户还在进行农房重建与生产恢复,主要的精力放在农房重建与相关的水电建设上,对于可再生能源建设的考虑并不多。此外,价格因素也是影响农户较少考虑天然气作为能源的另外一个原因。

表 5-10 农户对可再生能源重建的满意状况

	频次		百分比/(%)		累计百分比/(%)	
	2009 年	2010 年	2009 年	2010 年	2009 年	2010 年
非常满意	1	7	1.5	8.8	1.5	8.8
比较满意	7	38	10.3	47.4	11.8	56.2
一般	4	18	5.9	22.5	17.7	78.7
不太满意	7	3	10.3	3.8	28.0	82.5
不适用	49	14	72.0	17.5	100.0	100.0
合计	68	80	100.0	100.0	—	—

注:表中计算数据因为四舍五入,存在较小误差。

五、基本农田恢复

基本农田恢复是灾后重建中非常重要的一个方面。对于陡嘴子村而言,农田恢复主要与夏湿田改造、水利建设结合在一起,除此之外就是恢复了部分石坎梯地,而且大部分都是村民自发行为,政府并未投资。

就满意度来看,在需要开展农田恢复的村庄中,农户对农田基本恢复的满意度是逐步上升的(见表 5-11),从 2009 年的 58.8%上升到 2010 年的 75%。满意度上升的原因主要在于,农户认为基本农田恢复主要是自家的事,应答结果反映的是农户对自己家庭农田恢复的满意状况。

表 5-11　农户对农田基本恢复的满意状况

	频　次		百分比/(%)		累计百分比/(%)	
	2009 年	2010 年	2009 年	2010 年	2009 年	2010 年
非常满意	14	9	20.6	11.3	20.6	11.3
比较满意	26	51	38.2	63.7	58.8	75.0
一般	10	6	14.7	7.5	73.5	82.5
不太满意	12	6	17.6	7.5	91.2	90.0
不适用	6	8	8.8	10.0	100.0	100.0
合计	68	80	100.0	100.0	—	—

注：表中计算数据因为四舍五入，存在较小误差。

六、入户供电设施

地震后，灾区的供电设施遭到大面积严重破坏，恢复供电设施对灾区恢复重建至关重要。供电设施的重建恢复速度较快，电力部门很快完成主线路的恢复重建，农户的用电入户建设也随着农房重建的完成而逐渐完成。从问卷调查的数据来看(见表 5-12)，截至 2010 年 7 月，已经有 86.3%的农户完成了入户供电设施建设，相比 2009 年的 63.2%有了较大的提高。通过访谈发现，还未启动入户供电设施建设的农户主要是因为新的房屋建设还未完工，要等到农房完工之后再安装电线入户。

表 5-12　入户供电设施建设情况

	频　次		百分比/(%)		累计百分比/(%)	
	2009 年	2010 年	2009 年	2010 年	2009 年	2010 年
已完成	43	69	63.2	86.3	63.2	86.3
已启动	14	5	20.6	6.3	83.8	92.5
未启动	3	6	4.4	7.5	88.3	100.0
不适用	8	—	11.7	—	100.0	—
合计	68	80	100.0	100.0	—	—

注：表中计算数据因为四舍五入，存在较小误差。

对于入户供电设施的建设的满意度也在不断上升(见表 5-13)，2009 年 77.9%的被访者对入户供电设施建设感到满意，2010 年满意的比例达到了 97.5%，接近 100%。这说明随着灾后重建的逐步完成，农户对于基础设施建设的满意度也在不断上升。

表 5-13 对入户供电设施建设的满意度

	频次		百分比/(%)		累计百分比/(%)	
	2009 年	2010 年	2009 年	2010 年	2009 年	2010 年
非常满意	18	31	26.5	38.8	26.5	38.8
比较满意	35	47	51.5	58.8	77.9	97.5
一般	11	2	16.2	2.5	94.1	100.0
不太满意	1	—	1.5	—	95.6	—
不适用	3	—	4.4	—	100.0	—
合计	68	80	100.0	100.0	—	—

注:表中计算数据因为四舍五入,存在较小误差。

总体来看,在基础设施恢复重建方面,电力设施的恢复重建满意度最高。并且从总体上看,农户对基础设施的满意度随着基础设施建设的完成及投入使用而在不断上升。但是随着灾后重建的完成,一些新的问题出现了,例如村庄基础设施的使用分配问题,这关系到村民对灾后重建的公平程度的评价,因此需要在基础设施工程建设完成之后逐步完善基础设施的使用、维护机制。按照村民共同参与、共同商讨、共同维护的原则,借助村民参与和政府主导的途径,完善基础设施的使用、公共资源的分配机制,引入外部技术并与内部资源相结合,完善基础设施的维护机制,保证基础设施能长期发挥作用。

第三节 村庄环境与卫生状况改善

随着砖房增多、村道硬化、村庄环境有所改善,村民卫生习惯也逐渐培养起来。重建初期,由于地理破坏较大,村道破坏严重,加上村庄重建繁忙,材料运输车辆对土路的破坏严重,遇到下雨天更是泥泞不堪,道路难行。随着重建接近尾声,村庄环境也有了极大改善。一是村庄道路硬化后,不再是“泥地里来回去集市了”,村庄的卫生环境有了保障;二是农户建新房后,卫生习惯变好了;三是清洁能源的使用对村庄的自然环境与生态保护起到了很大的作用。

地震后,按照新农村建设的要求,陡嘴子村在规划建设的同时也注重对该村进行现代化改造。总体来看，该村的圈舍改造已经取得了不小的进展，如图5-5所示。

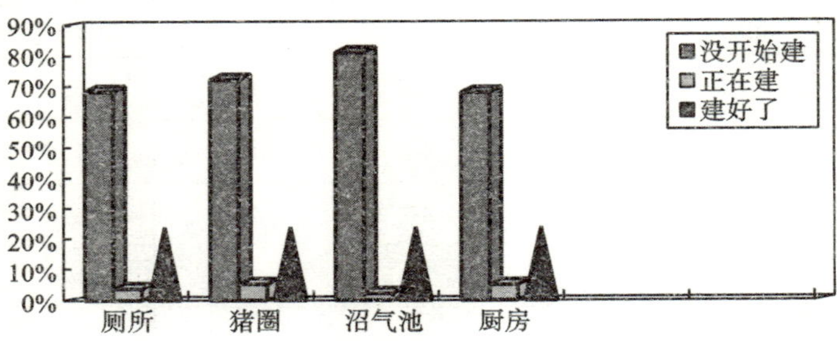

图 5-5 陡嘴子村的圈舍改造的进度分析(2009 年 12 月)

由图5-5可以看出，陡嘴子村的圈舍建设已经取得了不少的成就，但是还有很多工作要做。就厕所的改造而言，有23.7%的受访者所在家庭已经建好了，有5.3%的家庭正在建设，还有71%的受访者家庭还没有开始建设厕所；就猪圈而言，有23.7%的受访者所在家庭已经建好了，有2.6%的家庭正在建设，还有73.7%的受访者家庭还没有开始建设；除此之外，沼气池和厨房的情况也差不多，尚有一大半的受访者家庭没有开始建设沼气池和厨房。

能源建设是社会主义新农村建设的重要环节，而沼气作为清洁能源已经成为陡嘴子村优先发展的主要能源项目。震前，陡嘴子村村民就开始使用沼气池，因此在技术上接受很快。陡嘴子村的地形为一个北边开口的环形，村庄大部分农房有充足的阳光照射，并且冬天北风被三面的环山挡住，因此对于沼气池产气非常有利。修复与重建沼气池，能有效减少农村烧柴火对环境的破坏和对大气的污染，有效保护村庄环境。

村民对使用沼气的态度比较积极。从统计数据上看，所有受访者都对“夏天烧热水方便，省事省时”和“夏天做饭方便，节省时间、省事”这两种表述持赞成态度，只有少部分受访者对“冬天烧热水方便，省事省时”和“冬天做饭方便，节省时间、省事”表示反对，因为冬天气温较低，不利于肥料的分解，所以这一点是可以理解的。除此之外，所有的村民都认为使用沼气后“不用砍柴，节约时间”、“养猪的话用沼气也很划算、方便”、“使用沼气厨房很卫生”。由此可见，几乎所有的受访者都十分赞成使用沼气。

总体而言，陡嘴子村村民对环境改善的满意度在逐渐上升(见表5-14)，2009年有57.4%的被访者对村庄环境改善感到满意，2010年有86.3%的被访者对村庄环境改善感到满意。

表 5-14 环境改善的满意度

	频次		百分比/(%)		累计百分比/(%)	
	2009 年	2010 年	2009 年	2010 年	2009 年	2010 年
非常满意	9	14	13.2	17.5	13.2	17.5
比较满意	30	55	44.1	68.8	57.4	86.3
一般	8	7	11.8	8.8	69.1	95.0
不太满意	2	3	2.9	3.8	72.1	98.8
不适用	19	1	27.9	1.3	100.0	100.0
总数	68	80	100.0	100.0	—	—

注：表中计算数据因为四舍五入，存在较小误差。

除了村庄的硬件环境得到改善之外，村庄的"软件"环境也在发生改变。这种改变与村民能力提高有直接关系。村民灾后重建信心增加、社区参与能力增强、风险意识提高都会优化村庄发展环境，形成良好的发展氛围。

第四节 灾后重建信心增强

一、生产恢复

陡嘴子村村民的主要收入并不是农业，但是农业生产对于陡嘴子村村民而言具有重要的意义，因为农业生产不仅是一种生存手段，更是一种生活方式。2009 年，对陡嘴子村进行第一次灾后重建的评估调查数据(见表 5-15)显示，有 36.8%的被访者家庭已经恢复生产，41.2%的被访者家庭正在恢复生产。截至 2010 年 7 月的第二次重建评估调查数据(见图 5-6)显示，有 83.6%的被访者家庭已经完全恢复了正常的生产和经营。

表 5-15 陡嘴子村生产恢复情况(2009 年)

	频 次	百分比/(%)	累计百分比/(%)
已完成	25	36.8	36.8
已启动	28	41.2	78.0
未启动	6	8.8	86.8

续表

	频　次	百分比/(%)	累计百分比/(%)
不适用	9	13.2	100.0
总计	68	100.0	—

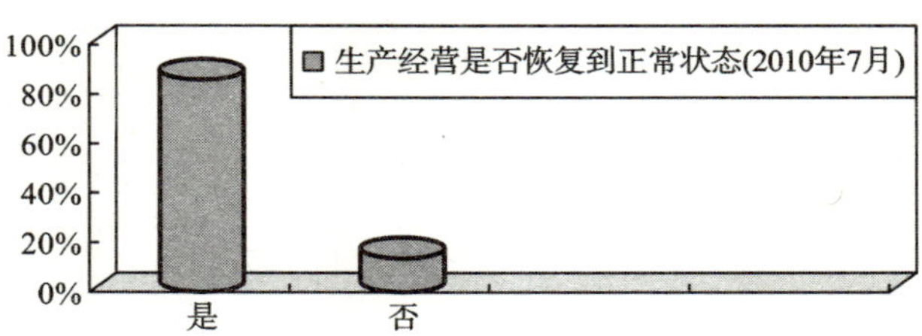

图 5-6　2010 年陡嘴子村生产经营恢复情况

灾后重建需要大量的资金，灾区农户大多将有限的资金用于住房重建和维修，因此在生产方面急需政府的资助。就生产启动资金资助来看，尽管在地震之后政府就对受灾村民与贫困户进行了补助，但是灾后生产恢复需要农田水利及人力资源等方面的条件，农户都在进行房屋重建，没有多少时间与精力考虑恢复生产的问题，更为重要的是缺少生产启动资金。

根据对比数据，村民对于生产启动资金的满意程度在上升(见表 5-16)，从 2009 年的 11.8%上升到了 2010 年的 23.8%。但是从另一个角度看调查数据却可以发现农户生产启动资金扶助的知晓程度不高，分别有 83.8%和 56.2%的被访者不清楚或是不知道农户生产启动资金的发放。这主要是因为生产启动资金主要是给贫困户和特重灾户发放的，因此受众面较窄，知晓程度较低。

表 5-16　农户对生产启动资金扶助的满意状况

	频　次		百分比/(%)		累计百分比/(%)	
	2009 年	2010 年	2009 年	2010 年	2009 年	2010 年
非常满意	3	1	4.4	1.3	4.4	1.3
比较满意	5	18	7.4	22.5	11.8	23.8
不太满意	1	10	1.5	12.5	13.3	36.3
很不满意	2	6	2.9	7.5	16.2	43.8
不适用或不知道	57	45	83.8	56.2	100.0	100.0
总计	68	80	100.0	100.0	—	—

二、村级互助资金

村级互助资金由国家各级财政在每个试点贫困村投入15万元,通过村民民主选举产生可安全运作这笔资金的民间合法组织(如××村互助资金协会),在当地金融机构设立互助资金专户,在全村村民中以入股(相对富裕户)、配股(低收入贫困户)、赠股(绝对贫困户)形式吸纳发展会员,会员享有借款、还款、监督、分红的同等权利,会员借款适当收取资金占用费,由组织按章程自主管理、封闭运行、互助互济、滚动发展。就目前的实际情况而言,每户每次借款3 000~5 000元。而且,村级互助资金是种新兴事物,对于如何运作村级互助资金,目前尚无统一的看法。

陡嘴子村有两个村资金互助组织:一个是来自国家级财政投入的村级互助资金组织;另一个是UNDP项目投入的专门针对妇女发展生产的资金互助组织。

从2010年8月的问卷调查结果来看(见表5-17),有71.3%的被访者不知道村级互助资金是什么,只有8.8%的被访者感到满意。这说明村级互助资金还没有发挥资金互助、促进生产的作用。通过访谈与驻村调查得知,陡嘴子村的村级互助资金暂缓执行的原因是害怕村民用生产互助资金去修建房屋,不利于互助资金的良性循环。

表5-17 农户对村级互助资金的满意状况(2010年)

	频次	百分比/(%)	累计百分比/(%)
不知道	57	71.3	71.3
比较满意	7	8.8	80.0
一般	13	16.3	96.3
不太满意	3	3.8	100.0
总数	80	100.0	—

注:表中计算数据因为四舍五入,存在较小误差。

互助资金目前还不敢启动,要等村民把房子完全修好了之后才敢启动。

——陡嘴子村村委会主任

根据2010年8月第二次进村了解到的互助资金情况来看,村级互助资金还没有得到村民的普遍认同,虽然在互助资金的制度设计和推动政策上来说,互助资金的生计发展功能发挥空间很大。而且陡嘴子村除了有村级互助资金之外,还有妇女互助资金,这是专门针对村庄妇女生计发展、由UNDP项目设计的互助资金，旨在帮助妇女解决生计发展中遇到的资金困难。在陡嘴子村，村庄劳动力在外打工，村庄中留下的是妇女、老人和儿童，这些人是村庄灾后持续发展中的主要力量，也是村庄本土参与的主要力量。因此，村庄可持续发展需要结合村庄人口结构和群体特点，结合留守人员的人力资本特点，发展妇女生计项目。

从2011年4月掌握的材料来看，陡嘴子村互助资金的筹集已经全面铺开。根据陡嘴子村互助资金自查报告可以看出，村民参与互助资金的热情不够高，村民对互助资金使用的盲目性很大。村民参与热情不高的原因主要是：①灾后重建刚结束，很多农户还有欠款，可能会将互助资金用于偿还灾后重建的欠款；②互助资金的管理人员在业务技术上还不熟练，对于互助资金的运作机制和互助资金社员的借款与还款能力把握不准，因此会削弱对互助资金组织的参与热情。

三、农业实用技术培训

农业实用技术培训是灾后试点村恢复重建中的重要一环，大多数村庄将这项工作纳入到规划之中，但是陡嘴子村开展的养蚕技术培训因为条件限制，参与人数不多，因此很多被访者不知道有相关的农业实用技术培训。从调查结果来看，2009年有29.4%的农户不知道有相关培训，2010年有41.3%的被访者不知道有农业实用技术培训。2009年和2010年农户对农业实用技术培训的满意状况分别如表5-18和表5-19所示。

表5-18　农户对农业实用技术培训的满意状况（2009年）

	频次	百分比/(%)	累计百分比/(%)
非常满意	10	14.7	14.7
比较满意	22	32.4	47.1
一般	16	23.5	70.6
不知道	20	29.4	100.0
总计	68	100.0	—

注：表中计算数据因为四舍五入，存在较小误差。

表5-19　农户对农业实用技术培训的满意状况（2010年）

	频次	百分比/(%)	累计百分比/(%)
不知道	33	41.3	41.3
非常满意	7	8.8	50.0

续表

	频次	百分比/(%)	累计百分比/(%)
比较满意	24	30.0	80.0
一般	8	10.0	90.0
不太满意	8	10.0	100.0
总计	80	100.0	—

注:表中计算数据因为四舍五入,存在较小误差。

第五节 社区参与能力提高

陡嘴子村的一个特色是村民参与灾后重建规划。一般而言,重建规划需要具有丰富的工程经验及科学的规划知识的专家才能够胜任,这是对建设规划的基本认识。但是专家进行重建规划的一个弊端就是所规划的工程对于使用者的需求往往考虑不足。因为专家一般考虑的是工程学的逻辑与知识,但是对于使用者而言,不仅要求工程能够达到预期的目标,还要能与使用者的需求有效结合起来。因此,村民参与重建规划就可以很好地克服这个弊端。

陡嘴子村村民参与规划的主要途径包括直接参与和间接参与两种方式:直接参与规划就是通过村民大会,在会上,村民通过公开讨论、评议、投票、排序的方法对目前的各种困难情况按照其困难程度进行排序,对村庄恢复重建与脱贫项目进行排序,然后根据村民对困难的排序和对项目的排序,对村庄公共基础设施建设项目进行规划;间接参与就是通过村干部走访村民,摸清村民重建的基本情况与意愿,在制定相关规划时,以村民的基本情况与建设意愿为核心基础进行规划。不论是直接参与规划还是间接参与规划,都体现了在灾后重建的规划过程中对村民重建意愿的重视。而村民通过村民大会参与规划,对于增强村民的参与意识以及灾后重建都具有一定的积极意义,以此拓展了村民对村庄日常事务讨论的领域,强化了村民的自治意识。

陡嘴子村村民除了积极重建房屋外,还积极参与村庄公共设施的建设。本调查选用道路建设作为主要考察项目,调查村民参与项目建设的积极性,以此考察村民在集资修建道路中的积极性,调查表明村民对于村内公共项目建设的积极性很高(见图 5-7)。

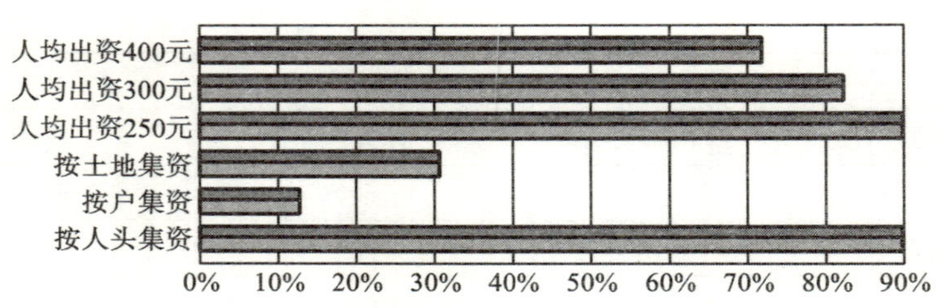

图 5-7　对村民参与修路集资积极性的考察(2009 年 12 月)

从图 5-7 可以看出，村民参与基础设施建设的积极性比较高，如大多数的受访者支持“修路的一部分钱由村民集资”。支持“村里修路集资按户出钱”和“村里修路集资按土地出钱”的分别仅为 12.82％和 30.77％，究其原因主要是政策的制定者未能充分考虑公平，因为集资修路最公平的办法是按照人口集资，所以有 89.74％的受访者赞成“村里修路集资按人头出钱”。至于集资的金额，通过调查发现，对于大部分村民而言，人均出资 250～400 元都是可以接受的，如 89.74％的受访者支持“村里修路集资人均 250 元”，82.05％的受访者支持“村里修路集资人均 300 元”，71.79％的受访者支持“村里修路集资人均 400 元”。

陡嘴子村村民自觉管理与维护村庄公共设施也是村庄快速恢复重建的重要因素。作为村庄的公共项目，就意味着每个人都有使用的权利，同时，每个人都会对其进行保护与管理。村民参与项目管理指的是在村庄公共设施建设完成之后，村民主动地参与到项目的日常管理和使用中。这是村庄社会关系表现出来的特性，公共设施的使用并不会因为资源共有的特性出现无人监管与最大消耗的浪费，相反，因为乡土熟人社会的关系，村民对于村庄设施会主动地加以保护。例如对村里道路的维护，村民自发阻止外村超载车辆经过本村，避免对道路的破坏。在调查中，调查人员还发现，村民在雨天会主动地拉砖填铺没有进行道路硬化的组道和入户路。村民主动维护村庄道路的行动值得肯定与赞扬。

武堰沟是陡嘴子村主要的水利灌溉设施，但是由于武堰沟中的水流经的村庄较多，陡嘴子村又处于沟渠下游，因此，如果没有专人守在沟渠沿线保证水渠的流量的话，到陡嘴子村的水就比较少，难以浇灌农田。从图 5-8 可以看出，地震后村民主动参与集体事务的积极性获得了较大程度的提高，比如 50％的受访者表示地震前，每年栽秧的时候会主动为村里去武堰沟守水，而地震后这一比例提高了一成，有 60.5％的村民会在栽秧时主动为村里去武堰沟守水；与此相反，被动地等村干部安排的村民减少了 10.5％。

此外，通过村民对“玉河镇那边的村子拉材料的大车子从村里的路上过，

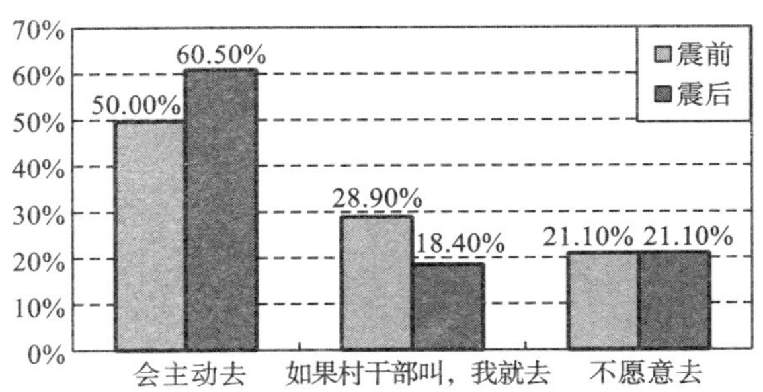

图 5-8　地震前后,村民主动为村里去武堰沟守水情况分析(2009 年 12 月)

您会同意吗"这一问题探讨村民参与村务管理的积极性(见图 5-9)。

从图 5-9 可以看出,95%的受访者不同意玉河镇那边的村子拉材料的大车子从村里的路上过,因为这样会压坏路面。由此可见,对可能损坏公共设施的行为,绝大多数的受访者都表示反对,维护本村的基础设施就是参与村庄管理的过程。

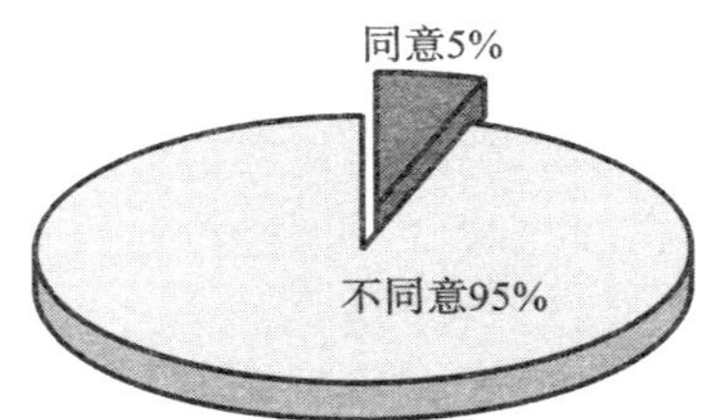

图 5-9　村民对公共设施维护态度(2009 年 12 月)

村庄管理,顾名思义就是村民参与到村庄的公共事务管理之中,如对村庄道路、村庄水利等生产设施,以及其他生活设施进行维护和管理,以确保村庄能够正常运转。本调查对陡嘴子村的村庄管理状况主要从"村民每年参加村民代表大会的次数"和"村大事的拍板权"这两方面来考察(分别见图 5-10 和图 5-11)。

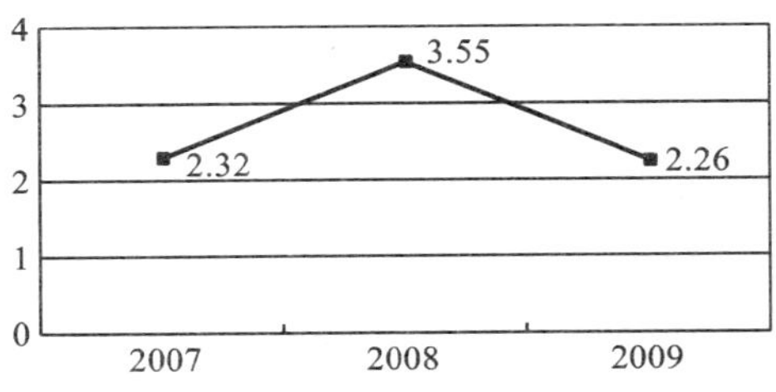

图 5-10　陡嘴子村村民每年参加村民代表大会的次数分析(2009 年 12 月)

从图 5-10 可以看出，2007 年陡嘴子村村民每年平均参加 2.32 次村民代表大会，2008 年这一数据提高到 3.55 次，这表明 2007—2008 年村民参与村民代表大会的次数在提高。

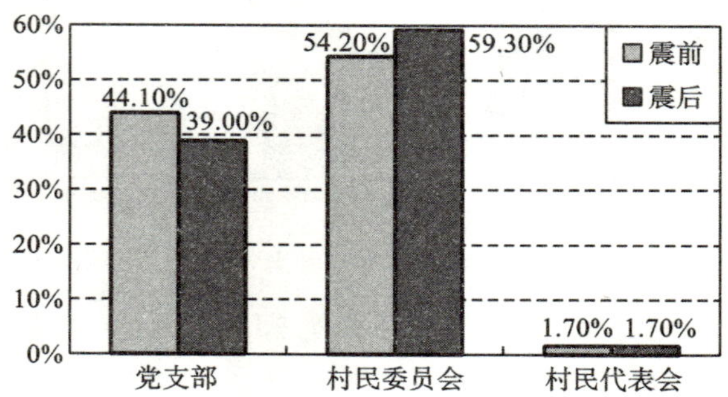

图 5-11　对地震前后，村大事拍板权的统计分析(2009 年 12 月)

从图 5-11 可见，就陡嘴子村的大事拍板权而言，地震后该村的大事拍板权逐渐转移到村民委员会手中，也就是说地震后，更多的村民参与到村庄管理中来。从统计数据上看，地震前陡嘴子村 44.1%的事务由党支部决定，而地震后，这一数值降低到 39%；与此相反，地震前陡嘴子村 54.2%的事务由村民委员会决定，而地震后，这一数值提高到 59.3%。由此可见，地震后由党支部决定的事务减少了，而由村民委员会决定的事务增加了，这一减一增虽然简单，但是它折射出村民参与村庄管理的程度已经获得了很大的提高。

考察结果表明，村民参与灾后重建，不仅能够有效解决重建中资金、人力及重建工程的适用性问题，还能够有效提高村民参与村庄事务的管理能力，强化村民的参与意识，规范村民的参与途径，增强村民的参与能力。

第六节
村民风险意识提高

地震之后，村民和当地政府将个人风险意识的提高、灾害抵抗能力的增强提到了重要的位置。陡嘴子村虽然没有进行过正式的灾害演习，但是村委会的委员通过大会与入户宣传告诉村民对地震、洪水、火灾等灾害的预防以及处置方法。除此之外，村民也因为经历了大地震而自觉提高了忧患意识和风险预防意识。

风险意识一般分为忧患意识和风险预防意识,这些体现了个人或组织在危机发生之前,对于可能发生的危机的应对准备。在这方面,可以看到,地震后,陡嘴子村村民的忧患意识和风险预防意识得到了有效增强。从统计数据上看,2008 年 5 月—12 月对"家庭收入不稳定"表示担心的村民有 22 人,而 2009 年 12 月调查时这一数值为 29 人,增加了 7 人,占全部受访者的 18.5%,同样,对"火灾"和"财产安全"担忧的村民也增加了。由此可见,地震后该村村民的忧患意识得到了加强。

此外,村民的风险意识增强表现在法律维权意识上。地震后,由于国家的强力介入、社会各界的帮扶,陡嘴子村村民法治观念逐步提高,仅仅选择两个案例加以说明:受访者购买伪劣米仓后的应对方式和签订建房合同的普及状况(分别见图 5-12 和图 5-13)。

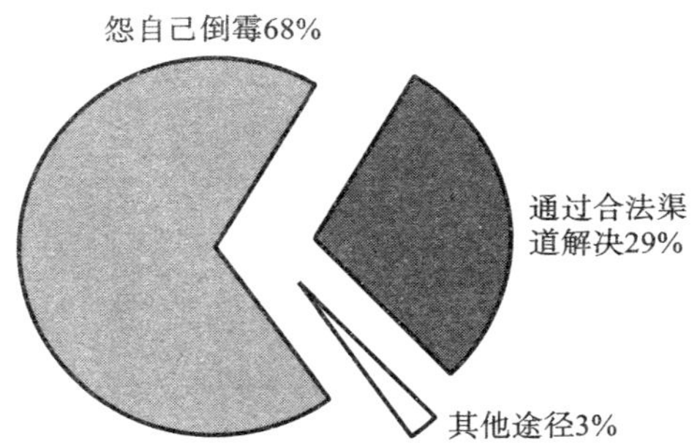

图 5-12 受访者购买伪劣米仓后的应对方式分析(2009 年 12 月)

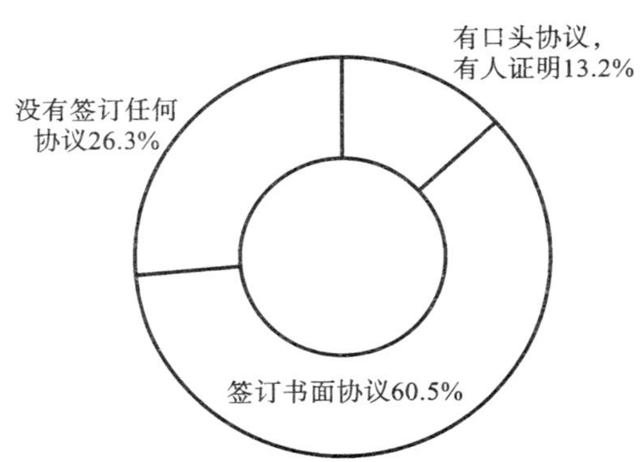

图 5-13 受访者签订建房合同的普及状况分析(2009 年 12 月)

从图 5-12 可以看出,68%的受访者在购买到伪劣米仓后会认为自己倒霉,只有 29%的受访者会选择使用合法途径维护自己的利益。虽然通过合法途径维护自己利益的受访者还比较少,但是这一数据已经透露出一个信息,那就是村民的法治观念已经得到了一定的增强，因为通过访谈，笔者发现，在地震前，大部分村民遇到假冒伪劣产品时，只会自认倒霉，最多下次不去这家商铺购买，震后的这一数据虽然不高，但是也表现出一种转变。

前面所说的米仓只是一种小件家庭生产用具，而对于像房屋这样的基础设施，受访者一般都比较理性，大部分村民都会选择签订书面协议。从图 5-13 可以看出，60.5%的受访者在建房子时会与砖瓦匠签订建房合同，还有 13.2%的受访者有口头协议，但是必须有现场证人（由于农村是熟人社会，一般有证人的口头协议，也会同样具有乡土性法律效用），只有 26.3%的受访者在建房时，没有签订任何协议。

除了风险意识之外，对风险的应对能力也在提高。5·12 大地震给陡嘴子村带来了巨大的损失，但与此同时，该村村民在这种自然灾害面前不仅仅学会了自救，更重要的是提高了自身的风险应对能力。如通过调研发现，该村村民对地震和洪水的恐惧程度都有不同程度的下降。我们知道，作为自然灾害，地震和洪水不可能随着人的主观意愿而改变，但是跟 2008 年 5 月—12 月这 7 个月相比，陡嘴子村村民对这两项自然灾害的担忧人数都减少了，这就是风险应对能力上升的表现。

第七节 部分贫困村民脆弱性加深

现实中贫困群体的脆弱性表现如下。第一，灾害发生前，在生产和生活方面贫困群体防御灾害的能力较差。第二，灾害发生后，灾害对于贫困群体的剥夺更为彻底，因为贫困群体的财产结构单一，生产活动也比较单一。第三，灾害发生后，贫困群体的恢复重建能力更弱，其原因，一是重建成本更高；二是一些普惠性政策并不利于贫困群体；三是负债的负担将进一步加重。[①]

根据 2010 年 7 月的相关调查数据可知，76.3%的被访者感觉家庭债务负担很重。全村需重建的共有 148 户，共需重建资金 1 776 万余元。国家政策补贴约 268 万余元，群众自筹 736 万元，重建贷款 592 万元，亲朋互相借款 180 万余元。子女上学需用资金全村每年大约 29 万余元。全村灾后恢复重

---

① 黄承伟：《汶川地震灾后贫困村恢复重建的成效与挑战》，北京：灾后重建与扶贫开发国际研讨会，2010 年 5 月。

建基础设施建设人均筹资 800～1 000 元。灾后重建对贫困村民而言,会使债务加重,今后的生活压力更大。具体而言,由于重建中农户住房重建与基础设施重建筹资,造成全村重建中每户都是负债累累,在恢复生产方面资金投入力度不够,资金严重不足,村内公益设施恢复群众集资部分收缴难度大,农民压力大,部分群众有抱怨情绪。在产业发展中,地震使原有的蚕桑养殖场所损坏,重建后,还不能完全达到养殖技术要求的标准,导致产业恢复缓慢,养殖收益效果不明显。

资 料

两个案例

案例一

贺光斌,43 岁,家里有 3 口人,老婆是盲人,儿子 16 岁,在绵阳上职高。贺在乡上的蚕丝厂上班,每个月 600～700 元工资。平时除了上班外,还要照顾家里。妻子只能在家里做简单的活,地震中房屋全部倒塌,直接损失 10 万余元。重建时共花去资金 12 万余元。政策补贴 2 万元(贫困户),自筹 5 万元,借贷 5 万元。每一周家里要花 20 元改善生活,主要是周末儿子回来时买肉吃,除此之外还要每周给孩子 70 元零花钱,每个月儿子所有的费用一共 570 元左右。两口子很恩爱,家里喂两头母猪,每年下两窝猪仔。但是今年有一头母猪生病死了,当时到乡上请来了兽医,也用了药,但还是不管用。现在已经修好震坏的房子,村公益设施重建集资时借款缴纳 430 元。

案例二

张琼华,女,四组人。地震前有砖混结构房屋共 15 间,500 多平方米,地震时全部损毁,直接经济损失 20 万余元,重建时,异地重建砖混楼房 320 平方米,花去资金 13 万元。享受政策资金 1.9 万元,从亲友处借款 6 万余元,贷款 5 万元。该户有水产养殖 20 余亩,鱼塘部分受损,损失大约 3 万余元。该户每个月家中的零星开支约 600 余元。村公益设施重建集资时贷款缴纳 1 750 元。

(资料来源:陡嘴子村委会)

从上面两个个案的对比来看,村民受灾情况对村民造成巨大的影响,不论村民在震前是否为脆弱性群体,地震灾害均使生计资本受到严重影响,灾后重建需要大量资金,尽管有国家的政策支持,但是仍然需要借款来进行灾后恢复重建。此外,对陡嘴子村而言,大部分村民的主要经济收入来自打工、养蚕等,震后重建恢复对其经济收入有很大的影响。一部分人可以通过震后重建打工获取工资收入，但是对于年纪较大的村民，养蚕则是其增加经济收入，进行灾后重建的重要经济来源。但是，灾后房屋的重建至少要一年才能完工，因此，灾后至少一年内没法养蚕，养蚕的收入为零。

资料

两年没有养蚕的原因

（1）地震后房子垮了，没有地方养蚕；

（2）地震后重建房屋忙，精力分散了很多，养蚕是个需要精力的细致活，所以养不了；

（3）房子修好了之后，湿气大，蚕受不了；

（4）受到气候的影响（“小蚕火里蒸，大蚕风里长”）；

（5）蚕种可能有问题，蚕种没有换代；

（6）现在村里没有小蚕供养室，地震后倒了，育蚕种需要到别村去，可能会提高小蚕死亡率。

（资料来源：与村里的一位长年养蚕的农户访谈所得）

在灾后重建后的短时间内，村民的生计发展脆弱性会增加。导致其脆弱性增加的原因有以下几个方面。第一，震前，村民的生计能力较差，生活设施较差，收入较低。尽管对农业种植的收入依赖较小，但是收入途径较单一，受时间和精力影响较大。第二，地震灾害带来的损失很大，对于农民的生计资本产生了毁灭性的影响。地震毁坏了住房，影响了养殖业收入，毁坏了农田基础设施，影响了粮食种植，毁坏了村庄基础水利设施，给村民的日常生活带来了影响。第三，震后恢复重建在资金上对农户影响大。地震后农房重建需要人力资源，因此主要依靠打工收入的农户失去了至少一年外出打工的工资性收入，给原本就紧张的家庭经济增加了负担。而对于原本就贫困的农户而言，灾后恢复重建对其生计发展的影响则可能需要好几年的时间才能恢复，更有极端贫困的农户可能在短时间内难以恢复正常的生计资本。

第六章

灾后早期恢复：经验与启示

从陡嘴子村的重建过程可以看出，贫困村灾后重建呈现出以下三个特点。一是“参与式”的重建过程，具体表现为：①专家指导和村民参与的统一；②基础设施项目建设中村民参与和监督的统一；③外部援助与内部自主参与在资源上相互补充；④外部援助与村民自主重建在功能上有效整合等。二是政策方面的经验总结，有益于政策下乡与交流回馈。三是绿色重建。

第一节 参与式重建过程

在中国，参与式方法最早是在国外资助的相关项目中提出的理念，如扶贫项目、农村社区发展项目、社会性别平等项目，等等。[①] 而实施参与式扶贫战略，是新时期农村贫困群体稳定解决温饱进而逐步向小康迈进，实现社会主义新农村建设“五句话二十字”方针目标的重要方式之一，也是当前推进扶贫开发的必由之路。参与式扶贫方法是促进村庄发展，减轻村庄贫困和脆弱性的重要方法。参与式在灾后重建发展中是一个重要的特点。通过引入“参与式”的重建理念和过程将村庄发展的惠及面扩大，使得村庄的发展计划惠及容易被忽视的弱势群体，从而保证发展的持续性。

一、参与式重建过程发挥的积极功能

正如在本研究框架中所表示的，参与式重建过程的积极功能主要表现在：第一，瞄准村庄发展中最紧迫的问题，解决贫困人群最切实的困难；第二，通过参与式的村庄灾后重建，营造政策下乡的良好氛围，保证政策的有效性；第三，通过政策回馈机制的建立，将参与式重建过程中的经验，通过政策回馈，逐步

---

① 黄承伟：《参与式培训的理念和方法》，2009 年 12 月。

完善相关扶贫政策。

具体而言，在灾后重建与发展过程中参与式的方法和过程发挥了积极的作用。例如，保证发展实践惠及覆盖面，能够发挥村庄自主性并且促使资源整合，有利于外部援助经验的本土化，从整体上保证发展计划的持续性，等等。根据陡嘴子村所在的区政府扶贫部门的经验交流来看，村庄发展的参与式方式主要有四种，即“村民自主议建”、“联户互帮互建”、“党员帮扶助建”、“三级联合监督”。这四种参与方式保证了村民在灾后发展中的参与效果。

资 料

游仙区扶贫办灾后重建经验交流

在工作的推进上，游仙区始终注重发挥村民的主体作用，动员群众全程参与扶贫项目的规划、实施、监督，积极探索灾后贫困村恢复重建的办法和途径，创建了以下四种模式。

一是在规划上创建了“村民自主议建”模式。通过召开村民户主大会，由群众公开讨论、评议，对致贫原因、建设项目进行排序，摸清了制约贫困村发展的“瓶颈”。了解村民意愿，针对问题制定发展规划，制定项目框架，使其实施的项目符合村民的愿望，让更多的村民受益。

二是在农户建房上创建了“联户互帮互建”模式。动员农户在重建农房时结对联户，优势互补，相互帮助，帮工还工，有效整合了劳动力资源和技术资源，解决了用工短缺和建筑工匠短缺的问题。

三是在贫困户建房上创建了“党员帮扶助建”模式。针对贫困户、有困难的低收入家庭建房缺资金以及技术、劳力和施工组织等方面存在的特殊困难，建立了党员、团员农房助建服务队，进行帮扶。

四是在资金和质量监管上创建了“三级联合监督”模式。为保证贫困村灾后重建资金安全和建设质量，区上建立了以区纪委牵头的灾后重建物资监管领导小组，白蝉乡建立了以乡纪委书记为组长的陡嘴子村灾后重建监管工作组，村上建立了以群众代表为成员的现场监管小组。

群众中蕴涵着重建的真正动力、原创激情和建设智慧。人民群众是灾后恢复重建的主体，村民自治、整合资源、投资出劳是主要形式。乡、村两级是组织主体，要激发群众的建设热情，使上级要求与群众意愿合拍共振，才能有力推动重建工作的顺利开展。

（资料来源：游仙区扶贫办）

从四种参与方式来看，从灾后规划到监督管理都有村民的积极参与。村

庄发展的参与式过程在村庄中有本土化的发展,具体表现在参与式过程中的组织动员方式、参与内容和参与程度上。在组织动员方式上,主要是以传统的政治结构为载体进行,例如"党员帮扶助建"模式遵从了传统的党员带头模式;重建规划中利用村民大会的动员模式;监督小组中利用政府科层结构模式。可见在实现参与式的途径和模式上,需要根据村庄的政治、经济等实际情况进行修正,通过参与式的方法和途径达到参与式过程的目标。

参与式发展模式在贫困村灾后重建过程中起到了积极作用,但是由于参与热情与参与机制等原因,还有一些地方要逐步完善。从完善参与式方法的角度来看,根据黄海燕等人的研究,完善村庄发展的参与式方法关键是要做好以下工作:①建立健全公众参与机制;②保障公众参与的实现,提高公众参与的效率;③正确处理公共反馈信息;④处理好培训、增强参与能力、提升弱势群体主体地位等关系。[①]

陡嘴子村村民参与式过程与功能基本评估如表 6-1 所示。

表 6-1 陡嘴子村村民参与式过程与功能基本评估表

参与式评估项目	参与方式	参与程度	产生的积极效果	副作用及其原因
决策及选择过程的介入	意愿排序	自主性参与	满足受益群体的真实需要	少数服从多数的原则淡化了弱势群体的影响
全部项目循环中的介入	意愿排序 监督招标 监督工程 维护项目	自主性参与 被动性参与 被动性参与 自主性参与	发挥村庄本土知识,优化重建资源	技术不足或观念未更新,参与人员未理解参与的真正目的,容易使主动参与过程演变为被动参与,影响参与效果
贡献和努力	以工代赈 村民集资	自主性参与 主动性参与	促进村民参与意识提高、加快村庄重建速度,保证重建目标顺利完成	缺少技术性的输入,影响资源规划,容易增加参与者的资金负担

① 黄海燕:《发展项目的公众参与研究》,博士论文,河海大学,2004 年。

续表

参与式评估项目	参与方式	参与程度	产生的积极效果	副作用及其原因
承诺及能力	公共设施建设，村民劳务参与较强，经济参与较差	适应性参与	对于村庄公共设施建设愿意出钱出力，但是对出资金额与筹资方式意见不统一	出钱出力容易引起参与者误解，参与者对于新的参与理念和政策需要适应与理解
动力及责任	自觉维护村庄道路不被外村运输车辆压坏；村庄自行组织人员去沟渠看守	主动性参与	对于公共设施能自觉维护，对村庄有认同感	村庄之间容易引发纠纷，村庄内部的参与积极性需要有内部组织正确的引导和规范①
对资源的利用和控制	重建资源整合	主动性参与	充分利用能够利用的资源	资金使用不当会造成资金浪费
自我组织及自立	监督小组 老年协会	被动性参与 主动性参与	有助于村民自我组织能力发展	参与者对于公共项目的冷漠、参与机制不完善等原因造成村民政治参与、公共事务参与热情低；对利益相关事件、文娱活动的参与热情高
权力及民主的再分配	村民大会 项目参与	引导性参与	加深参与式发展的理念	

村民参与主要表现在村庄重建的过程中外部援助与内部参与的有机结合上。外部援助的过程就如同输入营养的过程，外部的营养必须通过内部消化才能发挥作用，而消化的过程是一个吸收与学习的过程。此外，从功能角度来说，灾后重建过程需要几年的时间和充足的资源，而对于贫困村而言，资源禀赋先天就差，缺少必需的物资、技术、资金等重建资源。虽然在外部资源的援助下能够缓解重建面临的资金不足、技术缺乏等困难，但是还需要通过资源整合的方式把有限的资源集中起来进行科学合理的整合与分配，发挥资源整合的效果。

① 陡嘴子村与其他村出现过纠纷（有一次与其他村子抢水发生冲突造成其他村人员受伤），所以，在农田灌溉期间需要派人去守住堰沟的水确保其不被路过的村子放掉。

二、专家指导和村民参与的统一

陡嘴子村的灾后重建是村民积极参与的过程,是村民主观能动性的体现,在村民的积极参与中陡嘴子村的灾后重建取得了很好的效果。相信类似的话语会出现在很多政府报告中,并且体现了政府部门对灾后重建的关注点:基础设施建设、农房重建、村庄环境和村容村貌等。通过外部援助,陡嘴子村村民和村委会成员以及当地乡政府、市政府对于村庄灾后重建的评价与看法正在发生变化。这种变化是灾后重建过程中外部援助不断输入的结果:国家资金投入及相关的调研与指导、UNDP援助的基础设施建设不仅改变了村庄基础设施的窘况,而且通过项目建设促进了本土知识对外部援助的吸收和消化。

灾后重建不是简单地把遭受地震损害的设施、住房及社会系统进行恢复的过程。灾后重建需要系统专业的外部指导,否则就像是饥饿了很久的人得到了救济一样,虽然能够摆脱饥饿的状态,但是由于长期的饥饿造成了消化功能和其他功能的障碍,需要通过一定的外部引导和扶助才能恢复正常。一个贫困村在遭受了自然灾害的破坏之后,村庄的自我恢复能力很弱,尽管可以通过持续的自我恢复达到灾前的发展水平,但是需要较长的时间,而且面临资金短缺和物资匮乏、相关知识缺乏等困难。但是在外部援助的扶持下,资金短缺、物资匮乏的情况会得到缓解,更为重要的是外部的技术援助会对村庄产生能动作用。这类能动作用表现在专业技术所能发挥的无法替代的功能——灾后重建规划、新的重建理念引入对相关政策制定与执行的影响上。通过对灾后重建规划过程的了解可以明确,专业的技术指导是灾后重建规划中不可或缺的因素。

第一,外来专家具备重建规划的整体视角。村民重建的重点放在农房重建与生计发展上,对于村庄基础设施及村庄灾后发展的生计策略则不会考虑,而外部专家主导的灾后重建规划能有效地解决这个问题,使灾后重建规划能够从一个村庄发展的整体角度进行。

第二,外来专家能够对外部援助资源进行有效掌控与调配。灾后重建与灾后恢复是一个长期的过程,因此需要有科学的规划和充分的资源保证,通过外来人员的实际调查了解村庄真实的受灾情况与重建情况,有利于外部资源的进入,这样会使村庄发展形成一个良性的援助机制,既使村庄内部具备相关经验,知道如何处理与外部援助的关系,又使外部援助机构能够通过援助专家进一步了解陡嘴子村,增强援助陡嘴子村的可能性。

第三,专业技术的提供。灾后重建规划涉及工程管理、防灾减灾、减贫政策、减灾政策、参与式理念与技术以及社会学、发展学等方面的专业知识和技术，对于这类知识和技术，陡嘴子村是相对缺乏的，而专家则可以提供专业的技术，用于规划。

虽然专家的技术援助与整体视角是灾后重建不可或缺的重要条件，但是从灾后重建的过程来看，要发挥专家技术援助的功能则需要具备以下基本条件。

第一，村民积极重建与配合。从村民参与程度上来看，村民还未能自发组织起来并进行灾后重建，而制定灾后重建规划的专家可以通过政府动员的形式将村民组织起来。正如前面提到的，村民的重建意愿得到了充分的尊重，并且重建规划是以村民的意愿排序为基础进行方案安排的。从参与式扶贫的角度来说，这是一种适应性参与，在做什么方面，外来者接受当地人的意见，但如何做则由外来者决定。但是从专家援助工作的角度而言，没有村民的配合，专家无法得到真实、准确的信息。科学规划的基本前提是必须建立在满足村民恢复重建与生产发展的真实需求上。在陡嘴子村的灾后重建规划实践中，很好地融入了村民自主需求与外部科学指导。村民在省、市扶贫办的帮助下，通过民主的方式将灾后重建需求与困难进行排序，然后根据重建需求的优先序列进行重建规划。表 6-2 列出了各种参与式扶贫的特征。

表 6-2　参与式扶贫与社区能力建设[①]

参与的形式	特　征	外来者的控制程度	当地人的参与程度
自主性参与	村民自己决定做什么和怎样做	↓（自上而下递增）	↑（自下而上递增）
主动性参与	外来者与当地人一起分析情况，共同决定做什么和怎样做？		
适应性参与	在做什么方面，外来者接受当地人意见，但如何做则由外来者决定		
引导性参与	外来者决定做什么和怎样做，并用奖惩方法引导当地人参与		
被动性参与	外来者决定做什么和怎样做。当地人只是被告之必须和如何去做		

从参与的形式分类可以看出，村民在灾后重建规划中的参与程度处于中间状态，是一种适应性参与，外来者的控制程度与当地人的参与程度相当。

第二，外部专业指导与本土知识的结合。外部专业指导需要与本土知识

① 黄承伟：《新阶段扶贫开发实践前沿》，光明日报出版社，2005 年。

的结合才能发挥作用,否则照搬、照抄外部专业指导的知识和经验可能会导致村庄发展缺乏实效。例如陡嘴子村进行能源改造,UNDP要选择村里的20户贫困户然后对其家庭的沼气池改造给予补助,但是对于陡嘴子村而言,一些农户的房子的朝向与沼气池的位置并不利于发展沼气,那么在村民委员会和UNDP项目办公室的协调下,将贫困户的沼气池改造与村庄能源建设结合起来,UNDP提供的资金不直接给贫困户,而是通过乡政府出面订购沼气缸,这样可以解决沼气池可能渗漏的问题。从这个案例可以看出,外部专业指导与本土知识的结合,可以解决相互之间的信息盲点,达到信息互补进而推动灾后重建进程。

三、基础设施项目建设中村民监督和参与的统一

在基础设施项目的建设过程中,一方面村民有不同程度、不同形式的参与,另一方面基础设施建设是公共项目,需要村民的监督,这是基础设施建设的需要,也是村民参与灾后重建的重要途径。可见,在灾后基础设施建设中,村民的监督与参与是相互影响、有机整合的。

从村民参与的角度来看,村民参与村庄基础设施建设有多种途径,其中主要是直接参与建设、出资、以劳动力为资源参与建设、监督等四种途径。但是在实际的重建过程中,村民的参与热情与基础设施建设的惠及程度有关。

资 料

2008年以前修建水渠时各个组的出资标准

当时村民出资主要是按照土地产量与对水渠享受的程度来出资的。

一组:173元/1 000斤

二组:190元/1 000斤

三组:224元/1 000斤

四组:192元/1 000斤

五组:188元/1 000斤

六组:198元/1 000斤

七组:177元/1 000斤

每个组的村民按照家里的土地总量乘以每组的每千斤产量的集资数得出需要集资的总数。无法出资的村民按照男性30元/天、女性20元/天的劳动力价格以工代赈。

(资料来源:2009年11月28日与村委会委员的访谈)

上述资料中的出资(按照粮食产量来衡量)是以修建成功的水渠惠及的程度来计算的，水渠的修建对有的组的土地产出更有利一些，那么相应地，每亩土地就要多筹钱。这里按照每产 1 000 斤粮食要出多少钱来筹资，还考虑到了每个组内部的土地肥沃状况，土地肥沃的产量多，使用水渠的水资源也多，筹资应该多些。这个标准在当时并无异议，并且顺利地筹集到了资金，说明这个标准是村民能够接受的标准，也说明了村民对于基础设施建设的参与程度是与基础设施建设惠及程度相关的，也就是说公共设施建设参与程度与自己的利益相关程度相关。

村民监督管理贯穿于整个过程。村民监督管理也是一种参与的方式和途径，村民参与程度和监督程度受到项目相关性、出资与否等因素影响。陡嘴子村灾后重建恢复的基础设施有村级道路、组道、入户路，此外还有水渠建设和夏湿田改造。村级道路是全村享有，惠及全村，而组道和入户路则只惠及相应的组和农户。水渠建设惠及全村，因为武引农渠绕着全村走，而夏湿田改造只惠及四、五、六、七组。可见，村庄基础设施建设惠及程度也是有所差别的。挑选出合适的代表牺牲自己的时间和精力来监督管理公共设施建设是一件困难的事情。村庄中的“热心人”发挥了正式监督的作用，而村民则有自己的非正式监督方式和途径。

资 料

游仙区白蝉乡人民政府关于成立陡嘴子村灾后重建领导小组的通知

为切实加强陡嘴子村国家级扶贫村灾后重建试点工作，经研究决定成立陡嘴子村灾后重建领导小组、管理小组、监督小组。

领导小组

组　长：刘家军　　白蝉乡政府乡长

副组长：邓德金　　副乡长

　　　　齐　瑞(女)　　陡嘴子村村委会主任

成　员：杨　洋　　副乡长

　　　　王之宪　　经济发展办主任

　　　　王　丹(女)　　乡财政所业务所长

　　　　卢　艳　　驻村干部

　　　　卢朝清　　群众代表

　　　　李国秀(女)　　陡嘴子村贫困户

管理小组

组　长：齐　瑞(女)　　陡嘴子村村委会主任

成　员:吕成金　　　　群众代表
　　　　卢安友　　　　群众代表
　　　　崔坤地　　　　群众代表
　　　　邓大全　　　　群众代表
　　　　张鉴森　　　　群众代表
　　　　贾连余　　　　群众代表
　　　　谢昌英(女)　　群众代表
　　　　张尚强　　　　群众代表

监督小组

组　长:邓大伟　　　　陡嘴子村书记
成　员:严茂华(女)　　陡嘴子村妇女主任
　　　　阮术贤　　　　群众代表
　　　　未玉兰(女)　　群众代表
　　　　阮全贤　　　　群众代表

三个小组分别负责灾后重建的领导、组织、规划、宣传、实施、管理和监督工作。

2008 年 9 月 10 日

(资料来源:绵阳市游仙区白蝉乡人民政府文件(游白府〔2008〕29 号))

正式的各小组成员中都有一般村民,例如管理小组除了组长外都是群众代表。而监督小组的成员结构也是如此。从成员构成上看,村民的参与程度较高,但是就上面的分析来看,村民的参与积极性其实不如村民在小组里的比例那么高。一方面是因为如已经论证的那样,基础设施的惠及程度是决定村民参与的重要因素,另一方面小组中的组长都是由乡长或村干部担任的,在监督与管理的过程中多数人会选择多一事不如少一事。但是不论怎样,小组中还是有一部分热心于村里公共事业的人。例如监督小组里的未玉兰(见图 6-1),是乡里公认的热心人。

图 6-1　未玉兰在自家新房前
(2009 年 12 月,王志丹摄)

资料

绵阳(助人为乐好人)——魏玉兰(报道)①

魏玉兰，女，现年70岁，游仙区白蝉乡陡嘴子村四组人。在社会主义精神文明建设中，她做了大量工作，其先进事迹感动着身边的人，被群众尊称为“活观音”。10多年来，她省吃俭用，自力更生，将丈夫单位发给她的抚恤金，子女、亲朋好友逢年过节送的礼物、生日贺礼，以及与现在丈夫所种的5亩多田的收入10万余元全部贡献给了社会公益事业。

一、协助村支两委，开通了三个垭口公路

邓家垭口，联系着白蝉乡陡嘴子村及玉河七村3个组，是群众从白蝉到玉河的交通要道。2003年2月—3月，在她的协助下，在两乡领导和两村干部的组织下，经过2个月的努力，投资2万余元，开通了长500米、宽4米的公路，她个人捐款1.2万元，动员群众捐款4 000余元，使道路畅通，方便了出行，更为玉河七村3个组50余户群众灾后重建运输建材起到了重要作用。鲜家垭口，联系着白蝉乡陡嘴子村及刘家镇花竹林村2个组的群众到白蝉、玉河的交通要道，2004年3月—4月，在她的动员和组织下，经过2个月的努力，投资3万余元，开通了长150米、宽4米的公路。她个人捐款6 000元，动员群众捐款1万余元，使道路畅通。上方寺垭口是白蝉乡陡嘴子村和玉河镇八村3个组的群众到白蝉的交通要道。2005年7月—8月，在她的动员组织下，投资4万余元，开通了长1 000米、宽4米的公路。她个人捐款1.5万余元，动员群众捐款2万余元使道路畅通。在修建上方寺垭口公路中，由于赶时间到工地，她乘摩托车发生车祸导致左肩锁骨骨折，花去医药费9 000余元，全由自己负担，未给两乡乡村领导找一点麻烦。

二、支持公益事业建设

1998年，乡工商联组织修建白蝉场镇“连心桥”，她捐款3 000元。2005年、2007年政府修建场镇水泥街道，她分别捐款5 000元、7 000元。2006年村委会组织修建村道水泥路，她除了交清自家应交的900元集资款外，还购买了13根直径60厘米、长4米的涵管并捐资1万元，她还出资8 000余元，组织20余人用15天时间将3千米的水泥路路面全部铺好。2006年她还为一村、四村、八村水泥路，五村、六村、七村农毛渠硬化等捐资3 000余元。她连续10年每年为乡老年协会庆祝重阳节捐款300元，连续10多年每年为小学庆祝“六一”儿童节捐款200元。2006年自己投资1.3万余元，请来挖掘机，

① 说明：未大娘姓未，但是因为同音，报道中将其姓写成了魏。

建成蓄水 5 000 多立方米的堰塘,确保了附近 10 多亩田地的用水。

(资料来源:天府文明论坛(http://bbs.scwmw.org/showtopic-21977.aspx))

陡嘴子村的基础设施建设有村庄热心人的支持是非常幸运的,热心人有能力支持村庄基础设施建设,通过个人捐助发展村庄基础设施。但是个人的力量是有限的,这种通过热心人去发展村庄基础设施的做法是难以复制的,不仅因为这种援助是偶发性的,还因为这类援助缺乏固定的制度模式,在现今的状况下没有合理、正常的捐款形式和使用方式,因此不适合复制推广。对于村庄基础设施建设管理监督而言,村民很少会主动要求加入正式的监督小组,一般都是退下来的村干部或是得到村民尊敬的人被选入小组。从监督小组的成立过程来看,人员构成非村民推举出来,而是来自乡、村的"任命",其作为村民代表行使监督权的效果通常难以得到保证。

基础设施管理监督形式有正式和非正式的。非正式管理监督主要是村民之间的议论,或是通过私人关系向村委会干部反映情况。非正式监督缺乏正式的监督渠道和反映机制,因此往往会成为村民与干部之间误会的根源。由于村民对基础设施建设的参与程度不高,而相关的传统宣传只限于会议和广播及宣传板,缺少必要的讲解和反馈,因此部分村民容易对村庄基础设施建设项目产生误解。这些误解都是可以通过增强村民参与积极性和提高参与程度得到解决的。

总体而言,村民的重建参与是与基础设施建设的管理监督有机统一的,村民通过管理监督能够实现参与的效果,而监督管理制度和相关体系的好坏又是影响村民是否真心参与基础设施建设与管理的主要因素。

四、外部援助与内部自主参与在资源上相互补充

村庄基础设施建设一般有"有钱的出钱,没钱的出力"的筹资习惯,也就是说村民根据自己的实力对基础设施建设贡献力量和资源。但是对于贫困村的基础设施建设,村民"出力"比"出钱"更容易,因为村民的经济收入有限,在满足基本生活需要后很难为村庄基础设施建设出钱。所以,村庄基础设施建设应尽量避免向村民筹集资金,特别是在灾后重建过程中,灾害已经对村民造成了巨大的物质剥夺,而盲目追求短期快速完成村庄基础设施的建设,往往缺乏必要的资金准备和规划,可能对村民造成无形的次生灾害。

村庄基础设施建设应该将所需资源进行列举,在拓宽资金来源的同时还要发掘本土资源的潜力。通过整合外部援助的资源和内部自主参与资源,发

挥出基础设施建设的整体效果。贫困村有相对富余的劳动力，还有村庄手艺人和村民利用自身具备的本土知识体系可对村庄基础设施建设作出贡献。如基础设施建设需要的资金、材料、技术可以通过国家援助和其他援助得到补充，村民在重建过程中有重建家园的信心和积极性，但是缺乏必要的条件与资金支持，因此外部援助补充了灾后重建资金、提供了灾后重建招标建设的技术支持。

从陡嘴子村的一个基础设施建设的生命周期来看，基础设施建设从提议、测量、资金筹划到项目招标，都是一个内部能动与外部援助、本土经验与外部知识结合的过程。在这个周期内，如果撤去外部专业援助和资金支持或没有本土经验的结合，则连基础设施建设规划都是难以完成的。

修建梓二龙渠的时候，村民提出要修沟，这些都是村民大会上由村民进行排序决定的。这个排序是在地震过后召开的村民大会上进行的。然后根据资金量进行规划，由村民和村委会一起监督。那边山陡得很，不好测，我们自己用土办法测的，用水平尺，如果高了或是低了的话就重新测。这些事情都是由村民、村委会和乡里派下来的技术员一起做的。关于“梓二龙渠”项目资源分解见图 6-2。

(2009 年 11 月 22 日与村主任的访谈。)

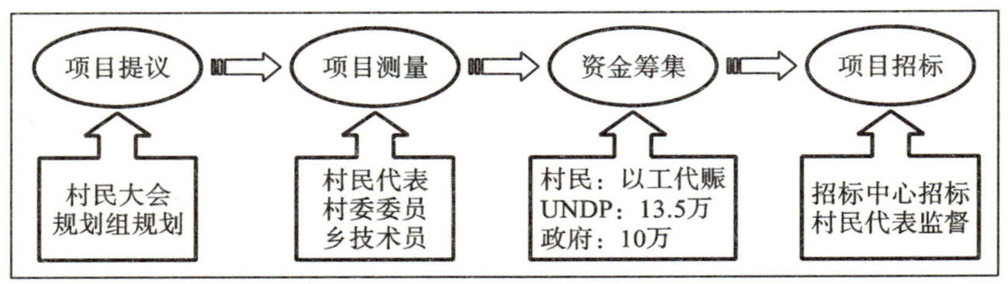

图 6-2 “梓二龙渠”项目资源分解(资料来源：白蝉乡政府)

外部援助与内部自主参与在资源上相互补充有两方面的好处。第一，能够减少村庄建设中村民的资金负担，特别是能够减轻在减灾减贫过程中给村民带来的无形压力。前面已经论述过，灾害给贫困的村民带来了损失，而灾后重建的村民集资机制可能会加深村民的脆弱性并且造成无形的次生灾害。第

二,能够充分将本土知识与外来专业知识进行整合,尽量避免村庄发展援助中的错误。外来援助机制会给村庄发展注入资金、技术、观念,但是这些外部因素需要村庄内部自我消化,这个消化过程是一个融合即本土化的过程。村庄内部将外来的观念和发展技术本土化是村庄发展中面对外来援助的重要任务。这也是减贫减灾经验推广面临的一个问题,就是如何将经验本土化。通过基础设施建设这类实践过程,将村庄内部资源与外来援助进行融合,产生的结果除了达到发展目标外,还有一个潜在的目标就是外来经验的本土化。

完善参与式模式,首先是要充分赋权。《中华人民共和国村民委员会组织法》是村民参与的法律基础,但是由于这部法律没有明确指出村民选举的具体程序,因此,村庄具体情况会对参与式赋权产生影响。虽然参与式过程是在发展项目中对参与者的充分赋权,但是这个赋权过程必然会受到村庄已有的权力结构的影响。因此,要充分赋权,就要不断地通过项目实践的方式提高村民参与意识。但是目前在农村特别是西部贫困村中,青年劳动力和有能力的人都已外出打工挣钱,留守人员要么因为事不关己而参与热情不高,要么因为参与水平不高,对村庄的发展事项不熟悉,对村庄发展项目的信息过于陌生,很难真正地参与进去。因此,目前需要通过项目交流的方式提高乡村管理者的认识水平和责任意识及道德水平。除了在法律层面上需要国家抓紧制定村民委员会选举法,完善村民参与村庄管理的法律基础和制度环境之外,扶贫部门要加强项目的监管。长远来看要逐渐完善第三方审计体系并常态化;在村民参与的项目中明确公众参与的具体操作细则;项目规划之前要做好信息宣传工作,对项目的背景、资金数量等信息要通过村展板和乡展板进行公示,要通过乡镇政府的网站和县区级扶贫办网站公示。

此外,要通过参与式的发展过程,为村庄发展注入持续发展的重建理念。救灾过程中为了减轻灾害带来的损害有时会采取一些应急措施,但是在灾后重建过程中,要尽量坚持可持续发展的原则,坚持综合考虑灾后重建的社会效益、环境效益。陡嘴子村在灾后重建规划中很好地考虑了环境保护与村庄可持续发展,在村庄基础设施建设上侧重于道路建设、水利建设、农田改造、技术培训这些基本的涉及村民生计能力发展的项目。在重建项目实施过程中,农户则将震后受损的旧房屋整理、材料利用与住房重建很好地结合起来,节约材料,减少住房重建占用的耕地。

最后,强化灾民在灾后重建过程中的民主参与力度对保证灾后重建过程公平、透明,缓解灾民不公平感具有重要意义。第一,在灾后重建过程中,要为民众民主参与提供客观条件,具体表现为扩大重建中的基层直接民主,赋予灾民参与的权利,吸引最广大灾民参与重建的决策、管理和监督,在制定灾后重建规划、确立重建项目、分配重建物资、管理重建过程中广泛征求灾民的意见，尊重他们的意愿。第二，在灾后重建过程中，要保证民众民主参与过程的顺利进行，具体表现为要以积极有效的方式提高民众参与灾后重建的广度与深度。为了保证参与的广度，基层政府在决策制定与执行的过程中必须做到将灾民应该知道的信息在第一时间向灾民完全公开，决策的整个细节都应该让村民有所知晓，而不仅仅是将结果公开。为了保证参与的深度，一方面要持续调动灾民参与的兴趣，由于灾后重建过程中灾民关注的焦点集中于自身的利益，因此，要让灾民意识到自己的参与程度会对自身利益带来什么样的影响，这样灾民才会持续、深入地介入整个过程而不只是应付差事；另一方面不能打击灾民参与的积极性，坚持以人为本，要从灾民的立场去理解他们的想法和意见，在决策管理中要体现出灾民的作用。第三，在灾后重建过程中，要保证民众民主参与的效果，具体表现为要增强重建过程的透明性、公平性，保证效率。民主参与的最终目的是为了对整个过程产生影响，而不是为了参与而鼓励参与，因此，基层政府在灾后重建过程中，必须意识到灾民的参与对自己工作的监督和促进作用，而不是将灾民的参与当做一种形式，以保证重建过程的透明性；充分吸纳灾民的意见，而不是你说你的，我做我的，在涉及利益的敏感问题如补助的发放上，要给予每一个相关利益者表达意见的权利并进行全体投票表决以避免引发灾民的不公平感；灾后重建对灾民来说是非常紧迫的，在具体工作开展时必须减少不必要的环节和形式，抓住问题的重点，以保证灾后重建的效率，强化灾民参与的信心与热情。

五、坚持关注弱势群体的发展

参与式发展特别注重弱势群体的作用，因为通过平等参与，可以加强弱势群体在发展中的影响力，帮助弱势群体走出困境。弱势群体应对地震灾害的能力更弱，灾后恢复时间更长，需要的关注更多。地震灾害产生的危害对弱势群体产生了很大的影响，主要表现在对弱势群体的生活、住房及灾后生产恢复上。成立妇女互助资金组织，帮助妇女发展生计，维护妇女在重建中的合法权益。为贫困人群灾后重建提供帮助，针对贫困户建房难的问题专门设计了贫困户建房图纸，鼓励贫困户联户联建，动员党员干部帮扶助建，动员建材供应商让利援建。对于空巢老人，主要体现为对空巢老人的居住环境进行改善与对其生活进行照料，使其在缺乏家人照顾的不利条件下也能有安全的住房与正常生活。

弱势群体是灾后重建中的特殊利益相关者。因为投票的方式造成相对数量少的弱势群体在参与式决策中发挥的影响较小。虽然项目必然会对弱势群

体产生积极的功能,但是缺少弱势群体的积极参与则难以满足弱势群体的特殊需要,并且会在发展过程中逐渐将弱势群体边缘化。

因此,要加大对弱势群体的帮扶力度。首先要在充分赋权的基础上完善对弱势群体的赋权渠道。对于弱势群体的权利保障需要有一定的特殊照顾,例如在村民大会的项目投票中,适当增加弱势群体的投票比重,对弱势群体的项目提议必须予以考虑等。其次要增加弱势群体在发展项目中的受益比例。吸收更多女性加入妇女互助资金组织,建立起对于弱势群体的特别援助机制,增加对空巢老人、单亲儿童、残疾人等弱势群体的救助与照顾。

就具体措施而言,应该将贫困村的贫困户按照贫困的原因分为因灾返贫型和能力缺乏型,前者存在“造血”细胞,因而只要政策适当,他们的贫困状态只是暂时的,最为关键的是他们有强烈的脱贫动机,只要政府能“扶”一把,他们就能“站”起来,因而政府可以从产业扶持、项目扶持、资金扶持和能力扶持等方面着手,在现阶段对他们给予大力支持,同时也可以通过树立典型,带动其他村民,形成全民共同脱贫致富的良好局面。能力缺乏型贫困户,也就是我们常说的民政对象,由于自身缺乏“造血”细胞,只能被动地接受“输血”,针对这部分农户,产业扶持或能力扶持都是没有作用的,这时政府的工作重点应该放到保证他们的住房安全和粮食安全上,即从村庄或乡镇的层面建立相应的平台协助其在未来较长时间内渡过生计困难的局面,保障其基本的生存权。对能力缺乏型贫困户中比较特殊的群体——“五保户”,可以采取集中居住的方式,以减少他们住房重建带来的开支,同时也可以使他们的晚年生活得到保障。最后对偏远贫困地区的灾后重建要在政策上予以倾斜照顾,针对偏远贫困地区交通不便、自然资源缺乏、产业滞后的情况,要对他们给予一定的政策倾斜,通过政策关怀来弥补自然条件的不足,对其恢复重建、脱贫致富提供政策支持和制度保障。

第二节 政策下乡与回馈机制探索

5·12地震后,中国政府在第一时间响应并开展了救灾与重建工作,同时国际社会也积极伸出援助之手。对于受灾的贫困村而言,上级财政的支援对口部门较多,条块分割明显,出现各自帮扶发展的局面。对于贫困村的发展而言,由于村庄无法协调来自市、区甚至是部一级的援助行动,因此无法进行资源的整合。UNDP地方项目办公室则通过灾后重建实践进行了部门协调方面的有益探索。具体表现在：首先，通过UNDP项目将项目涉及的各个部门联合起来，通过项目交流的形式达到部门协调交流的效果；其次，UNDP的项目评估与研究模式值得借鉴，通过贯穿始终的评估与研究对政策执行情况与村庄变化发展情况及时进行反思与反馈，及时调整发展策略以保证村庄发展机制良性运行。这些理念与方法是值得借鉴的。

一、灾后重建政策下乡模式与合作交流模式

减贫减灾政策的合作交流给灾后重建带来了有益的帮助。灾后重建的政策交流范围涉及灾后重建的方式、过程，以及生计发展内容和对弱势群体的关注。交流的方式包括项目建议、项目评估与研究、以某一重建主题进行交流培训的会议。特别是以UNDP工作方式为导向的交流方式，为政府间部门合作交流提供了平台，为国际减灾减贫政策的交流与完善提供了借鉴。

目前，我国的危机管理与灾后重建恢复管理的部门协同体系尚未建立，只是在很特别的重大灾害发生时才会有部门之间的协调与联动的情况，这种非常态的部门协调体系在平时因为各种原因难以运行。为了方便对地震灾区进行持续、直接的援助，UNDP在灾后重建中通过联合国中国办事处在中国绵阳市成立了项目办公室，用以专门完成UNDP对地震受灾地区的援助。

从联合国驻中国办事处灾害管理工作组的一些主要活动可以看出，其工作的重心是需求评估、介绍与总结经验、沟通协调等。其中沟通协调工作既涉及联合国的相关部门也涉及中国政府部门，通过沟通与协调实现资源利用的最大化，避免重复工作与资源浪费，推动政府部门、机构之间的合作等。

资 料

联合国驻中国办事处灾害管理工作组工作介绍

联合国驻中国办事处灾害管理工作组在灾害预防和减灾领域开展了以下活动。

- 介绍在灾害预防和减灾领域的国际规范和优秀实践经验。
- 实施灾后需求评估，提供灾害预防所需的专业技术援助。
- 通过参与中国国家减灾委员会主办的工作组和会议，设计定向能力建设项目，并且通过联合国各机构常规地区项目，将灾害预防纳入政府决策和实践主流。
- 把灾害预防和减灾工作纳入联合国各机构常规项目中，从而将灾害对

中国的威胁降到最低。

• 联合国各机构将会积极沟通协调与灾害相关项目和活动,并协调联合国驻华代表处各机构项目的工作,实现资源利用最大化,避免重复。

联合国驻中国办事处灾害管理工作组在灾害管理和协调领域开展以下活动。

• 与中国政府紧急救援管理工作组、民政部国家减灾委员会展开积极、有效的沟通协调工作。

• 基于政府的需要,有效协调联合国各机构和国际援助机构共同在以下领域应对灾害:①灾害评估;②资源和专家的调配;③救灾行动。

• 加强对联合国重要事宜的宣传,以增强对相关事宜的认识。

• 推动多部门、多机构的灾害管理途径。

• 按照联合国各机构和国际社会的要求,及时提供报告和发布灾害信息。

(资料来源:联合国中国办事处(网址:http://www.un.org.cn/cms/p/whatwedo/63/570/content.html))

在实际工作中,联合国开发计划署中国办事处绵阳地方办公室也是以村庄发展为目标开展工作,其基本的工作单位是村庄,工作途径则是通过提供各种机会和平台,对上至中央各部门,下到地方政府部门和机构进行协调,交流信息,共享资源。UNDP 项目机制图如图 6-3 所示。

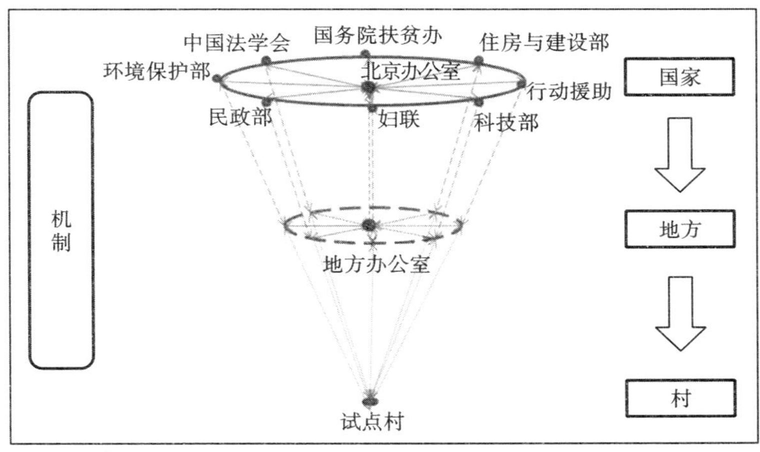

图 6-3 UNDP 项目机制图①

---

① 黄承伟:《汶川地震灾后贫困村恢复重建的成效与挑战》,北京:灾后重建与扶贫开发国际研讨会,2010 年 5 月。

可以看出UNDP项目机制的特点就是以村庄为单位的发展目标，通过发展目标的完成将部门资源进行整合与协调。能够实现部门之间的沟通协调主要是基于以下原因。第一，UNDP的特殊角色。作为联合国的组织，UNDP在政治资源上有优势。对国家一级的合作，UNDP有着丰富的部门资源，因此能够通过发展项目带动地方部门的合作。第二，特殊的时刻。地震灾害带来了巨大的损失和国际关注度，在灾害恢复重建的发展理念下，政府部门之间能够暂时摈弃部门的利益冲突，而在UNDP提供的交流平台下，通过UNDP直接项目资金援助进行经验交流。第三，UNDP带来的理念、方法的作用。参与式脆弱性分析、专项资金资助的规划和评估、贯穿始终的经验总结与交流，对于制定和执行政策的中央部委而言也有很强的借鉴意义。

此外，针对村庄领导者，举办了一系列培训交流活动，有效提高了扶贫系统及村级领导的组织恢复重建能力。如2009年5月20日的动员性培训、主题性培训等。

可见，UNDP项目从机制的建立上为部门之间的合作树立了一个好的典范，并且从实践上证明了就贫困村减贫减灾进行部门合作的可能性，探索了部门之间合作协调的运作方式与机制。但是对于今后常态化的减贫减灾体制而言，则需要很大的讨论空间。例如：首先要从立法和制度上明确各个政府部门如何突破各自界限进行协调；其次要明确部门协调的职责；最后要完善保障机制等。

二、政策实践与反馈模式

政策反馈是完善发展政策的重要环节。针对发展干预进行系统的投入所产生的从投入到影响的影响链，发现发展政策在执行过程中的不足，以便进行修正与完善。加强政策反馈机制建设的重点是要加强政策的评估机制和反馈机制建设。在政策评估机制建设方面，首先要明确评估应按照科学、透明、公正、民主、客观的原则进行。其次要明确评估主体必须是无利益关联的第三方，如大学、研究机构等。再次是明确评估对象，并对评估指标细化、固定化，以便进行跟踪评估。最后要从资金、人力、物力上对政策评估进行保证。在政策反馈机制建设方面，要在制定政策时将政策反馈作为政策完善的重要环节进行规定，其次要加强与其他部门、国际机构的政策交流。

资料

灾后重建的有益探索

1. 完善了参与式贫困村灾后恢复重建规划编制与实时管理体系,展示了扶贫系统的工作特点和能力

——指导思想

——规划框架

——管理内容

——监测体系探索了灾后贫困村恢复重建的多部门参与机制,积累了初步经验

——规划过程促进参与

——UNDP 项目机制

2. 开展了相关经验总结与理论方法研究,促进了经验分享与交流

——培训教材

——专题研究

——模式与案例研究

——社会系统重建研究

——可持续生计研究

——理论方法研究

(资料来源:黄承伟:汶川地震灾后贫困村恢复重建的成效与挑战.北京:灾后重建与扶贫开发国际研讨会,2010 年 5 月)

所谓政策评估,就是依据一定的价值标准和事实标准,通过一定的程序和步骤,对政策实施中的价值因素和事实因素进行分析,目的在于利用这些政策相关信息,对政策的未来走向作出基本的判断。前面已经论述了政策评估在贫困村发展中的必要性,政策评估与村庄发展之间是一个支持的关系,起到支持、反馈的重要作用。但是,评估要求有必要的资金投入、智力投入和较长的时间保证,对于传统的需要资金的发展模式而言,需要一段时间来消化和适应。

减贫减灾的国际合作领域宽泛,前景广阔。对于贫困村的减贫减灾政策而言,可以从政策制定、政策执行、政策评估、政策反馈四个方面进行合作,如图 6-4 所示。对于政策制定而言,主要可以通过国际合作吸收政策的制定理念,例如如何发挥参与式过程在减贫减灾中的作用,借鉴政策制定的环境保护理念和措施等;在政策执行中可以借鉴政策执行的模式,并且通过国际交流与合作，整合国际资源；在政策评估中，借鉴发展评估的理念，将评估与研究贯穿村庄发展的始终，不仅能够养成发展反思的良好习惯，还可以及时对政策进行修正；在政策反馈阶段，则是通过援助交流平台对政策执行、执行评估等过程与方法进行及时反馈。

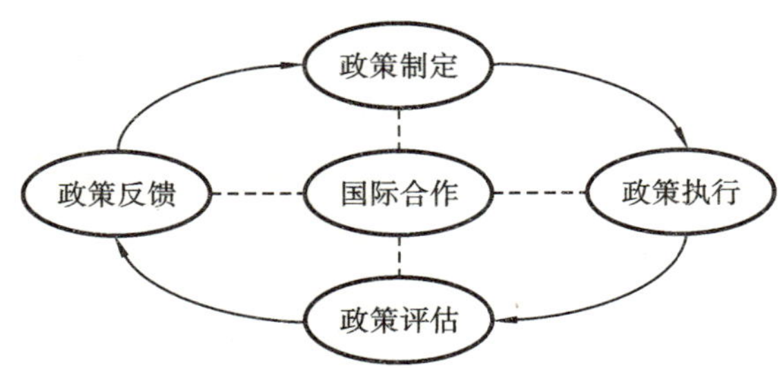

图 6-4　政策回馈过程中的国际交流与合作

三、普法下乡：一个政策下乡与回馈的案例

在地震后不久，联合国开发计划署便资助中国法学会在震区开展了一次实地调研活动。这次调研的目的在于对灾后应急及重建过程中所涉及的相关法律问题进行研究。2009 年 11 月 24 日，四川省绵阳市游仙区陡嘴子村与中国法学会及农民工法律援助研究中心合作，配合联合国开发计划署在震后灾区发起了法律援助活动。当日下午，中国法学会连同西南民族大学法律专业的志愿者在陡嘴子村通过直接法律宣讲、与村民互动、节目表演的形式宣传有关法律，活动结束之前，志愿者们就村民在灾后重建中遇到的法律方面的需求和困难进行问卷调查，该调查结果反映在后来中国法学会与 UNDP 合作出版的相关著作中。

如图 6-5 所示，普法下乡的活动很受陡嘴子村村民的欢迎，这一方面是因为在灾后重建的过程中非常需要法律知识，另一方面与村庄重建中的本土参与有关。在地震之后的重建规划中，陡嘴子村村民第一次接触到了参与式的发展方式，尽管在此之前，村庄发展都有村民的参与，但是从方式上来看，主要是动员式的参与和集资，这样的参与方式让村民难以意识到作为村庄发展的参与者所应该尽到的责任和义务。在村庄的重建过程中，通过引入参与式的方法和理念，鼓励当地贫困及弱势群体参与应对灾害造成的影响。通过观念的改变，能够提高村民的自我发展能力和权益保护意识，在村庄的参与式发展过程中村民的主人翁意识得到加强，个人生计发展能力得到锻炼，而普法下乡带来的法律援助为处于弱势地位的人群提供了保护，以确保在权益保护基础

上的恢复重建和公平发展。

从政策下乡的角度来看,灾后重建的相关条例和法律通过直接下乡、宣传下乡的形式进入村庄,在参与式程度较深、村民的本土参与热情较高的条件下能取得很好的效果:促进政策宣传,提高政策和法律的知晓度,保证政策能够被村民正确理解,促使政策深入村民的人心、有效的政策回馈、高效的政策运作(因为使用了志愿者,减少了行政成本)等。

图 6-5 普法下乡场面(2009 年 11 月,王志丹摄)

送法下乡的活动,体现出了在陡嘴子村灾后重建过程中,政策下乡的结构创新。在组织结构上,由 UNDP 项目地方办公室直接联系中国法学会,将法律服务直接送到村里,对此,UNDP 项目地方办公室在中间起到关键的沟通桥梁作用。在普法下乡的活动方式上,公益律师直接就农村灾后重建与日常生活中的法律事件通过本土化语言和多样化的形式展示出来,并通过问答和发放小册子形式,提高村民的法律意识,进一步增强的村民参与能力。在政策回馈上,送法下乡是政策入村的重要辅助条件,同时送法下乡也是法律工作者直接接触贫困村的好机会。

第三节
“绿色重建”与可持续发展

“绿色重建”与可持续发展结合起来表明村庄灾后重建的目光长远，不仅关注村庄灾后重建，还利用重建的契机，有效整合灾后重建与村庄发展的资源。

一、“绿色重建”理念与灾后重建政策

陡嘴子村在灾后重建中表现出很多与“绿色重建”相同或相似的原则理念，并在灾后重建中将环境保护与村庄可持续发展作为重建中的基本原则。例如灾后重建的规划与实施中，生态环境是一个重要的考量因素，在村庄的产业发展规划中将生态环境作为重要的产业发展目标。将村民的现实需求与长远发展相结合，将贫困村建设与产业发展相结合，将该村产业优势与绿色产业示范区相结合，并由此提出了发展绿色产业的基本目标。通过对环境的保护着手建设水利设施，改造农田，通过以上的努力将受到地震损坏的村庄农田进行修复，促进农业发展与环境的协调，将发展的目标着眼于长期的可持续发展。

灾后重建注重生计能力的恢复，重视通过增强农户的生计能力来提高农户的生产发展能力与灾害应对能力。在生产建设方面通过农田改造、重建水利设施、重建住房、发展生态产业等，优化农户生产的硬件条件；在生产技术方面进行养殖技术培训，提升农户生产能力，进行劳动技能培训，增加农户就业机会；在生产资金方面，成立互助资金组织帮助解决村民和妇女在生产上需要的资金问题；通过村民参与各种项目建设增强村民的劳动意识，提高参与能力。这些措施旨在促进村民的可持续发展能力，降低因灾返贫的几率。

贫困村往往处在资源匮乏与生态环境脆弱的地区，其生态环境的友好度、保持度都相当低，并且地震所造成的连锁式损害，也在一定程度上加大了贫困村的这种环境资源脆弱性。随着灾后重建的推进，大量的工程建设，也会或多或少对环境造成不利的影响，因而，灾后重建过程中贫困村生态环境的保持就显得尤为重要，应当注重贫困村的环境友好性和生态稳定性。注重灾后贫困村的环境友好性、生态稳定性，其实质就是在保护资源环境的前提下，切实落实灾区的可持续发展，这就要求我们在注重环境友好性和生态稳定性时不能

仅仅局限于眼前,还要对以后地区的发展作出准确的预期,把当前利益和长远利益结合起来,充分统筹当前的发展需要和未来的发展需要,在遵循经济规律的同时注重自然规律。具体来说要注意以下两个方面。首先要强化对环境资源的保护,提高贫困村的环境友好度。就目前而言,灾区的环境由于地震等灾害性因素及各种重建项目等人为性因素的共同影响而十分脆弱。因此,灾区在重建时,不仅要注意环境资源的保护,限制和杜绝重建带来的二次破坏,而且要大力维护和加强灾区的环境重建工程,因地制宜地促进和加快当地环境资源的恢复。其次要在注重环境友好度的前提下,保持生态稳定性。由于灾后环境资源十分脆弱,其生态的稳定程度也相对较低,因而在对灾区环境资源保持与重建的同时,还应当大力保持生态稳定性。从灾区资源保持的角度来看,应当在加大对当地环境保持力度的同时,着力关注当地生态链条上的各个环节,从各个环节入手,增强各自的抵抗力和稳定性,进而促使整体抵抗力、稳定性的提升。从灾区环境重建的角度来看,应当在注重环境重建的同时,加大当地生态圈自身恢复力的培养,掌握其内在的生态规律,从规律出发来提高整个地区的生态恢复稳定性。

二、灾后重建与村庄发展在功能上有效整合

功能上的整合主要表现在与住房重建相关的建设上,通过以促进村民生活环境改善、生活质量提高、村庄整洁、环境和谐为目标,在功能上达到有效整合的目的。5·12 地震之后,贫困村灾后重建规划就是将灾后重建与减贫结合起来的,因此在村庄发展的理念上追求重建发展的功能整合。

首先是减贫与灾后重建的整合。胡锦涛总书记强调指出,灾后重建要和扶贫开发结合起来。要利用重建发展的机遇进行整体规划,以求在发展功能上达到灾后恢复与减贫的双重效果。2008 年 5 月 23 日,国务院抗震救灾总指挥部第 13 次会议决定成立灾后重建规划组,制定了《国家汶川地震灾后重建规划工作方案》,明确了灾后重建规划的指导思想和原则、工作任务和分工、组织协调和工作要求。这一方案要求在 2008 年 7 月 20 日前完成总体规划、城镇体系规划、农村建设规划等 10 个方面的规划。经国务院同意,国务院扶贫办作为国务院灾后重建规划组成员单位,加入到农村建设规划组。在灾后重建中,国务院扶贫办将发挥政策研究、资金协调、部门沟通、社会动员、开展贫困村村级规划、指导实施、监督检查的作用;地方扶贫系统在灾后重建中的优势和作用更为明显,其主要工作领域是重灾县中的贫困村。可见,参与灾后重建是各级扶贫部门义不容辞的责任。通过灾后恢复建设达到减灾减贫的综合效果。

资料

灾后重建规划的具体原则

1. 扶贫开发与农村各项建设相结合

将扶贫开发与农村住房建设、基础设施建设、公共服务设施建设有机结合起来。优先恢复重建贫困村受灾群众基本生活和公共服务设施。

2. 恢复重建与发展提高相结合

恢复重建与发展提高兼顾，立足当前与兼顾长远结合；前三年以恢复重建为主，目标、任务和政策措施明确具体；后五年以发展提高为主，明确发展方向和目标，体现新一轮扶贫开发要求。

3. 物质重建与心理重建相结合

注重组织农户积极主动参与，采取多种有效方式重建和增强农民的信心，提高社区和农户自我管理、自我发展能力。

4. 统一规划与分步实施相结合

充分发扬贫困地区“宁愿苦干，不愿苦熬”的进取精神，在国家支持、社会帮扶下，自力更生、生产自救，重建家园。

5. 自力更生与政府支持、社会帮扶相结合

以区为组织单元，立足三年重建(2008—2010 年)，兼顾五年中长期发展(2011—2015 年)。

6. 经济社会发展与生态环境资源保护相结合

在注重农户增收、经济社会发展的同时，充分考虑资源环境承载能力，坚持对环境资源的合理有效利用与保护。

(资料来源：游仙贫困村灾后重建整体规划，2008 年 10 月)

从灾后重建规划的具体原则中可以看出，灾后重建既是重建恢复的过程，也是村庄发展的过程。在指导思想上要求：全面贯彻落实科学发展观，坚持以人为本、科学重建的方针，优先恢复重建受灾群众基本生活和公共服务设施；坚持城乡统筹与新农村建设、产业结构优化升级相结合；坚持灾后重建和扶贫开发相结合，坚持尊重科学、尊重自然，在充分考虑资源环境承载能力的基础上，自然资源开发与人力资源开发并重；通过国家支持和灾区群众自力更生、艰苦奋斗，实现灾后重建和扶贫开发纲要的发展目标。陡嘴子村在灾后重建恢复中很好地体现了人与环境的协调、发展村庄生计、自然资源合理开发，探索村庄产业发展的模式。

从图 6-6 可以看到陡嘴子村灾后重建中进行的发展实践。基础设施建设

上以村庄道路和水利为主,完善基础设施,提高村庄的减灾能力并奠定村庄发展的基础。农户重建与生计发展、环境卫生结合起来,将沼气池改造、圈舍改造、太阳能示范工程等能源改造与农房建设结合起来,改变传统的能源使用方式,以改善住户环境与村庄整体的自然环境,并为养蚕、养兔的生计发展提供必要的设施。可见,在灾后发展的实践中,灾后重建与村庄发展在功能上起到了有效整合的效果。

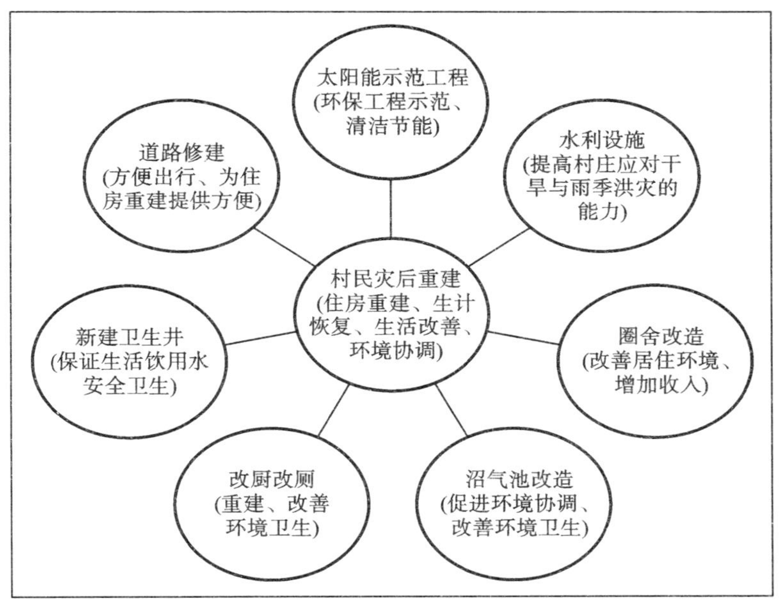

图 6-6 村庄重建中内部重建与外部援助在功能上相互补充

第四节 陡嘴子村灾后重建经验小结

陡嘴子村灾后重建的经验主要表现在:参与式重建过程和参与内容的创新、政策下乡和外部援助落到村庄发展最需要的地方。但是,从影响村庄持续发展的角度来看,陡嘴子村灾后重建的经验可以总结为以下几个方面(层面)的成功。

一是村庄在地震灾害前的资源禀赋。资源禀赋指的是拥有的行动资本和可以利用的有利条件。对于陡嘴子村而言，地震之前的资源禀赋来自村庄的政策发展路径和资源，这些是村庄能够快速重建的物质条件，例如在地震之前对村庄水利设施就开始了村民集资修建，初步开始了村庄水利设施的基本建设。在“软件”方面，有几个村民对于村庄公共事务非常热心，并且在经济能力允许的情况下支援村庄基础设施建设，以此形成村民积极参与的氛围。此外，村庄干部的工作能力与责任心、政府部门对村庄发展的关心等都形成了陡嘴子村发展的外部有利条件，而村民因为村庄具有这种资源优势而对村庄重建和发展充满信心，这能有效带动村民的参与积极性。

二是通过参与式的发展规划，明确了村庄重建目标，清晰定位灾后重建的重点。参与式发展规划是保证灾后重建的外部援助和政策能够“集中力量办好事”，而且作为一种重要的发展理念和技术对村民的能力提高有很大的促进作用，从政策下乡与有效性的角度来说，也是促进政策不断完善的重要方式。

三是重建内容上不仅修复灾害损坏，而且通过灾后重建的过程提高了村庄的发展能力，提升了村庄内部的发展动力。这一点得益于国际经验的交流和应用，UNDP 的援助方式从内容上是援助陡嘴子村灾后的基础设施建设和农户生计发展，但是在援助过程中，通过村民的参与过程逐渐提高村民的生计发展能力，不断影响村庄的生计发展方式，逐渐深化村民对于可持续发展理念的理解，其结果是：村民能够通过参与式的重建过程去思考如何提高自己的发展技能；如何利用村庄的互助资金去发展生计、提高收入；如何在沼气池的使用中明白低碳生活与降低生活成本的双赢；如何能够在村庄公共事务的参与中去提高自己的生活质量和增进权益。这种尝试性的学习让村民在村庄重建过程中不仅完成了村庄灾后重建，而且提高了村庄的参与能力和生计发展能力。

四是贫困村发展中的政策激励与村庄本土参与的有机契合。回顾陡嘴子村灾后重建的历程可以看到，在村庄发展中，政策激励与本土参与作为两种村庄发展的力量都对村庄的重建与发展产生了积极的作用。进一步分析可以看到：两种力量的有机契合会产生更好的效果，因为本土参与能够有效改善政策下乡中所遇到的政策“不适应”，并且通过政策评估与反馈不断完善扶贫工作的政策与方法。

在贫困村开展参与式扶贫的过程中，如何更好地将扶贫政策与村庄本土参与相结合，如何更好地发挥扶贫政策的效用，如何通过政策激励促进村庄的本土发展能量，并增强村庄的自我发展能力，这些都是对新时期的扶贫工作与贫困村持续发展提出的新问题和挑战。在扶贫工作中怎样运用好参与式的工具来实施有效的村庄发展策略；如何通过参与式发展的理念和扶贫政策来动

员村民,特别是在西部贫困农村,外出打工者多、人口结构不平衡的情况下,如何将村庄留守的妇女和老人动员起来,营造良好的发展氛围,提高村民的生计发展意识和能力;在构筑西部地区良好发展环境的条件下,如何营造村庄发展的良好环境,以此增加农村生计发展、农村经济社会飞跃的机会,吸引外出打工者回来创业,推动贫困村持续、有效、长远的发展,关于这些方面的做法和经验应加以总结。

总之,从陡嘴子村的经验可以看到:村庄可持续发展需要本土参与作为基本保障,外部政策与援助是重要的激励条件,通过规划明确的发展目标,在重建功能上有机整合发展目标与村民的发展能力,以此保证村庄重建顺利完成,并且在村庄外部政策和援助因素逐渐减弱的情况下持续健康发展。

第七章

灾后可持续重建：挑战与展望

“可持续生计”概念最早见于20世纪80年代末世界环境和发展委员会的报告。1992年，联合国环境和发展大会将此概念引入行动议程，主张把稳定的生计作为消除贫困的主要目标。1995年，哥本哈根社会发展世界峰会和北京第四届世界妇女大会进一步强调了可持续生计对于减贫政策和发展计划的重要意义。中国政府提出的科学发展观，倡导以人为本，全面、和谐和可持续的发展，强调城市与农村协调发展、人与自然协调发展、国内发展与对外开放协调发展战略。[①] 生计追溯到中国原始文献中就是民生的意思。对生计的研究及概念化源自国际发展研究机构和非政府组织。将可持续生计框架作为分析工具，可以分析贫困村生计持续发展所需的一系列资本及资本之间的动态关系。对于陡嘴子村而言，村庄在灾后不仅需要恢复重建，而且要利用发展的机会进行可持续的生计发展。本章就是要在可持续发展视角下对陡嘴子村个案进行总结，分析灾后村庄持续重建发展的基础和挑战，并且希望能够从陡嘴子村发展的个案研究中探索出贫困村灾后可持续发展的一些条件和因素。

第一节 灾后可持续重建的基础

经过灾后的重建努力和投入，陡嘴子村的灾后发展取得了一系列的成果，并增强了村庄减贫与减灾能力。但是陡嘴子村的持续发展还需要长远而持续的投入和努力。总体而言，通过村庄内部积极重建与外部援助的持续整合，陡嘴子村的灾后重建发展取得了一定的成效，为今后村庄持续发展奠定了基础。同时，一些挑战仍然需要不断加以解决，例如经过灾后重建恢复的投入，部分村民的脆弱性程度加深、村庄将会面临不确定的灾害威胁等。总之，灾后可持

---

① 关于可持续生计的定义来自百度百科中“可持续生计”词条（http://baike.baidu.com/view/2922242.htm）。

续发展实践为陡嘴子村奠定了村庄持续发展的基础。

一、可持续生计框架

可持续生计框架是继"可持续生计"这个具有整合性的概念提出之后,由钱伯斯和康威对其进行拓展之后提出的。可持续生计框架将诸如能力之类的维度也纳入到概念之中,并在英国政府的《国际发展白皮书》出版后,成为进一步分析讨论的主题。[①] 可持续生计框架是包括能力、各类资本、生计活动等因素在内的有机系统。物质资本在家庭层面包括船只、房屋、自行车等固定资产,在社区和城市层面包括基础设施、学校等;金融资本包括储蓄、借款、保险等;自然资本包括养殖业、耕地资源等;人力资本是指个人在劳动力、教育、知识等方面的能力;社会资本包括亲属网络、参与的组织等个人可以从中获得帮助的团体。可持续生计框架如图 7-1 所示。

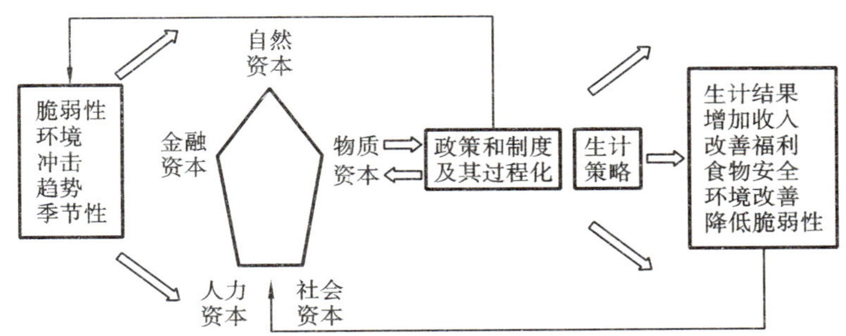

图 7-1 可持续生计框架[②]

可持续生计框架内的各要素及其各种资源的重要相关程度与当地的社会系统相关。如生计发展需要的资本,可持续生计框架列出了金融资本、人力资本、自然资本、物质资本、社会资本,这些资本在不同国家和不同地区的重要性不一样,而且在有的地区还有一些其他的资本没有被包含在内。比如政治资本,这里包含着对村民的动员,即动员民众将其有限的资产用于捍卫生计的能力;地方性知识也是一种可持续的生计资本。[③] 对于陡嘴子村而言,灾后重建给这个贫困村的村民的生计持续发展积累了生计发展的资本:基础设施建设、生计能力培养、物质资本、政策投入与产出对持续生计发展的影响等。其中基

① DFID. Eliminating World Poverty:A Challenge for 21st Century. London:Department for International Development. 1997.

②③ 安东尼·哈尔,詹姆斯·梅志里:《发展型社会政策》,罗敏,等译. 北京:社会科学文献出版社,2006,137,134-138.

础设施建设对于村庄灾后重建及持续生计发展具有重要作用，而这些投入几乎都是通过中央财政支持的投入，还有一部分来自 UNDP 的投入，可见基础设施建设对政策依赖程度很大。村庄发展对于政策有较强的依赖性，陡嘴子村通过灾后重建的契机完善参与式发展，提高村民的参与意识和参与技能则是保证政策发挥持续功效的重要因素。

二、政策下乡带来的可持续发展资本

可以确定，在政府主导的贫困村灾后重建过程中，政策制度是村庄灾后重建和可持续生计发展的重要路径。通过政策制度给农户生计持续发展带来了物质资本、人力资本方面的基础。灾区恢复重建形成的良好基础设施将为灾区贫困人口可持续生计发展奠定坚实的硬件基础。灾后贫困村恢复重建项目，包括住房建设、基础设施建设、公共服务建设、产业开发能力建设、生态恢复与村容村貌建设等 6 个方面，共 35 个子项目。其中，村内基础设施建设项目包括：恢复重建村内道路、小型农业灌溉设施、村内饮水设施、可再生能源设施、入户供电设施和恢复基本农田。生产恢复主要考虑恢复农户生计，包括在部分村建立村级互助资金，有偿使用，滚动发展；同时为贫困农户提供生产启动资金，开展增加收入的各种生产活动。

此外，通过灾后重建本土参与过程激发了贫困村恢复重建的内部活力，增强了贫困人口重建与发展的信心。例如，对农房重建的积极参与、对村庄基础设施建设的参与、农村实用技术培训、劳动力转移技能培训、参与式脆弱性分析过程和以工代赈模式带来的发展观念与技术、“五改三建两提高”与清洁能源的使用。调查结果显示：村民对村庄基础设施建设及村庄脆弱性递减的信心是逐步上升；对于房屋抗震信心也在重建中逐步恢复，生计发展能力也在逐步提升，如图 7-2 所示，其中纵坐标为选该项占样本总数的比例。

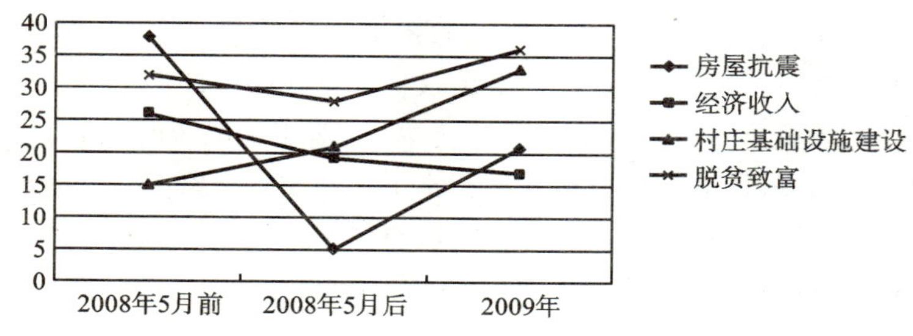

图 7-2　对地震前后村民生产、生活信心变化的认知分析

基础设施得到修复和修建，逐步满足农业生产、居民生活的需要。对于陡

嘴子村而言,农田水利设施、农田改造、村庄道路、饮水设施等得到恢复与完善。灾后恢复重建政策加快了灾区社会事业的发展,提高了贫困人口可持续生计发展的能力。经过灾后重建,教育服务、医疗服务、日常生活方便程度、农业发展、社会保障等方面都逐步有所改善或提高,如添置不少体育器材(见图7-3)。这些功能的满足将降低灾区民众享受公共服务、维护和积累人力资本的成本,提高抗风险能力,降低区域脆弱性。

图 7-3 陡嘴子村的社区体育器材(2011 年 4 月,齐瑞摄)

贫困村灾后恢复重建共计投入资源:对 100 个试点村投入资金 18 384 万元,平均每村近 184 万元。4734 个村,预计投入 34 亿元,平均每个村约 70 万元。并为各种其他资源投入贫困村恢复重建提供了平台。[①] 总之,通过灾后重建政策与扶贫政策的有效结合,并真正落实到村庄,使得灾后重建总体上改善了灾区宏观发展条件和环境,为贫困人口可持续生计发展提供了基础。

三、村庄发展环境与资本的改善

村庄参与式的重建过程能给村庄发展带来持续的动力和长久有效的变化。贫困村灾后恢复重建项目总体上具有显著的减贫效应。扶贫部门通过强调规划、参与、资源整合而组织实施的灾后恢复重建项目直接改善了贫困村村庄的生产生活条件,促进了村级组织和农户能力建设,对农业发展、农户增收具有明显的推动作用。此外,在灾后重建中提供了新的就业机会,农户在建筑行业的从业机会增加,相应收入也增加。村民对于村庄发展的观念发生改变,从简单的农房重建认识到生计发展、参与意识和能力、灾害风险意识等方面的转变,这些观念上和能力上的转变对村庄发展和村民生计能力加强都会产生

① 黄承伟:《汶川地震灾后贫困村恢复重建的成效与挑战》,北京:灾后重建与扶贫开发国际研讨会,2010 年 5 月。

持续的、长远的作用。

灾后重建与发展的生计资本的获取有政策的路径依赖，同时政策模式也在不断创新。灾后重建是政府主导的发展实践。扶贫系统将防灾减灾、灾后重建与扶贫开发相结合产生了重大的意义，与此同时，扶贫政策对于贫困村而言，则形成了村庄发展的重要政策资本，整合是贫困村灾后恢复重建与扶贫工作的目标，对贫困村灾后重建进行综合性规划与设计，促进各相关部门的配合与协调，以此成为陡嘴子村可持续发展的重要政策资源。

第二节 灾后可持续重建的挑战

不可否认的是，村庄可持续发展并完全消除地震灾害带来的影响需要一个过程，对于贫困村、贫困群体而言，这一过程会更长、更缓慢。对一些弱势群体和特殊贫困群体的需求需要特别的应对。例如对妇女、老年人、儿童、残疾人群体等。这些特殊的贫困群体更加脆弱，灾后重建需要对其特别予以关注，他们需要更长的时间才能恢复。具体而言，村庄在灾后持续重建发展的挑战表现在以下几个方面。

第一，部分贫困村民的脆弱性在短时间内难以减轻。首先是灾后农房重建带来的欠款压力，住房维修重建给农户带来了普遍的债务问题，贫困农户靠家庭的微薄收入很难清偿这些债务。现金缺乏使贫困农户没有经济能力抵御市场、疾病等各种风险。还债的压力将迫使贫困农户大幅度压缩医疗卫生、教育、日常生活等方面的开支，进而使他们更加脆弱，陷入贫困陷阱而不能自拔的风险增加。有人外出打工的家庭，能够在 3～5 年之内逐渐还清住房重建的欠款，但是特殊弱势群体，特别是残疾人、空巢老人家庭，则很难通过外出就业来还清债务，他们更多地需要通过村庄的可持续生计发展策略来走出贫困。

第二，外部支持机制需要进一步完善。陡嘴子村在灾后重建中表现出来的特点是通过对外部供给资源和内部现有资源的有效整合，通过村民的自主积极参与和政府的有效动员，以及科学实施渠道，能够将有限的资源整合起来把事情做好，提供好的公共服务，帮助农户恢复生产、增加收入，达到资源有效配置的效果。但是村庄内部参与组织的建立很大部分得益于外部援助资源的推动，村庄的本土参与程度和参与机制还需要进一步深化与完善，以应对在外部援助（特别是 UNDP 的技术援助）、政策激励逐渐退出村庄发展后可能出现

的发展停滞。由于部分村民对于外部援助组织不了解,没有合作经历,对于外来的援助者以及志愿者,村民都看做是政府工作人员,因而影响了援助效果。因此要完善村民内部参与和外部援助资源整合的制度环境,例如建立正常的合作机制,规范与外部援助的合作渠道,优化村庄外部援助资源的分配机制等。村民与村庄管理者对于项目的理解如何会影响外部援助的成败。在参与式过程中,参与者的理解更为重要。因此,外部援助要通过技术输入的方式向援助对象进行解释,以此达到援助资金与项目的整合,并提高技术培训的有效性和相关信息服务。此外,实施项目的相关政府机构也应该进行技术输入,提高这些部门的认识与技术水平。对于直接的项目援助应该设立一定比例的管理经费,作为相关部门对项目投入的成本补贴。

第三,村庄重建发展中的不可控因素对生计发展有影响。例如发展方式转变、市场变化(如贸易自由化、劳动力市场)对农户收入的影响、灾害风险常态化对农户生计资本的影响、普惠性政策没有覆盖到一些特殊的农户从而影响扶贫效应等。贫困村灾后重建要着眼于如何加强防灾能力建设,减少贫困群体因灾返贫的风险。培育风险意识,要把培育风险意识的目的落实到行动中去,让公众通过行动与社会氛围不断增强风险意识。一是加强危机教育,提高公众预防风险的能力,将各种安全观念融入生活中,培养公众平日即养成独特的敏感性,从各个角度感知并发现可能发生的潜在的隐患信息。二是培训风险防范技巧,增强公众应急能力。三是进行模拟演练,提高公众的实践能力。拟定可能发生的风险事件,组织进行各种危机应对演练。四是引导自动调适,调整公众心理恢复能力。针对一些突发事件的风险对公众造成的恐慌与焦虑应开展心理辅导,消除身体与心理所受到的伤害。

第三节 灾后可持续重建的发展

地震灾害对于贫困村而言是破坏性的,它不仅破坏了原本脆弱的村庄基础设施和农户生计系统,而且由于灾后需恢复重建也增加了农户和村庄的负担。灾后可持续重建发展的核心就是要以村庄为单位,以农户为中心,提高农户的生计能力,降低农户与村庄的脆弱性。具体需要从宏观、中观、微观三个层面来展开。

一、宏观层面上的对策

第一，制定村庄持续发展的长远规划。通过制定长远的发展规划，明确村庄发展目标，细化发展步骤，逐步完成村庄的持续发展。陡嘴子村在2010年制定了发展规划，确定了村庄在经济、基础设施、环境、居住条件、社会服务与增强农户生计能力上的发展目标。村庄宏观决策上的目标保证了发展的持续性。

资 料

陡嘴子村五年发展规划（2010年）

按照“一年有起色、三年见成效、五年上台阶”的目标，2010年规划起步实施，2011—2014年全面推进，2014—2016年完善提高。到2011年，使陡嘴子村达到“八化”的目标，即经济强化、道路硬化、环境洁化、居住舒适化、服务社会化、管理民主化、农民知识化、村风文明化。

——经济强化。加快推进农业产业化和社会服务业；充分利用桑林资源增加农民经济收入；加大农田基础设施建设，使农田基础设施建设完成率达到95%以上；发展壮大蚕桑产业、肉兔产业。促进强村富民，夯实新农村建设的产业支撑，争取到2016年，农民年人均纯收入达8 000元，年均增长5%～10%。

——道路硬化。在目前道路硬化的基础上，村内所有主要干道、组道、入户路及村内主要活动场所地面实现全部硬化。

——环境洁化。逐步实现人畜分离居住，在村内村民居住集中的地方修建多个垃圾池，实现垃圾统一收集处理，做到每户畜禽圈养，村庄内外无乱搭乱建、乱堆乱放现象。

——居住舒适化。村主要干道两侧、村委会、沟塘周围实现绿化、美化。正确引导村民按规划布局改造现有住房结构和布置或建设新型住房；完成全村90%以上的“一池三改”（建沼气池、改圈、改厕、改厨）工作。沼气等清洁能源普及率达到85%左右，电话（含移动电话）普及率达到90%以上，有线电视入户率达到100%，宽带信息网、家用电脑普及率达到40%以上。

——服务社会化。农民新型合作医疗参保率达95%以上，落实最低生活保障政策，实现老有所养、病有所医、弱有所助、贫有所济。

——管理民主化。加强村“两委”班子建设，村党组织达到“五个好”要求。全村实现在陡嘴子村党支部领导下的民主自治，各项管理制度健全，使农民的

知情权、参与权、管理权、监督权得到有效保障，做到社会稳定、治安良好，村民对社会治安的满意度达到90%以上。

——农民知识化。使现有劳动力每年参加技能培训的时间不少于10天，75%以上适龄农民成为有知识、有专长、懂经营、会服务的新型农民。争取有35%以上的农村劳动力转移到二、三产业就业。

——村风文明化。建立一处农民体育休闲活动中心，修建或完善村级娱乐设施，如篮球场、文化活动室等；修建戏台，开展经常性、丰富多彩的文化活动，丰富村民农闲时节的乡村文化活动，使村民道德和文明程度得到全面提高。

（资料来源：陡嘴子村委会）

第二，有效缓解贫困户债务。一是增加重建帮扶资金的投入量，在村内的各种设施的恢复和重建中尽量让群众少集资或不集资，减轻农户压力，避免不稳定因素出现。二是在产业恢复方面需投入一定量的资金，使其恢复生产。投入一定资金，修建好全村蚕种供育基地，以发展蚕桑为主导产业，增加农户收入。三是因地制宜地在村内种植经济林和果树，搞好规模化种植，四是投入一定资金，搞好土地整改，提高种植收益。五是部门给予帮扶协调，搞好科技知识的传授等相关工作。六是帮扶全村因灾致贫返贫的农户，搞好农房重建及后续生产生活帮扶。

第三，制定农户生计发展策略。恢复重建初期之后，要以生计发展为核心进行发展。根据陡嘴子村的农业结构探索具有村庄特色的发展模式，发展特有的村庄品牌。目前，陡嘴子村以养蚕、养兔为基础发展农户生计，增加生计资本，通过劳动培训和技术培训提高农户生计能力。

第四，提高社会发展政策的扶贫效果。要关注特殊弱势群体，建立特别的援助机制、制订针对弱势群体的发展计划，帮助村庄中的特殊弱势群体发展生计，保证政策惠及所有的贫困村民，缩小因为震后重建带来的贫富差距。

二、中观层面上的对策

首先，要发展环保项目，加大环保项目在村庄恢复与脱贫项目中的比重。尽管在陡嘴子村的灾后重建中环境保护的原则贯彻始终，但是仍然需要继续加大环保项目在村庄建设中的比重。环境的有效保护和治理，对于减少贫困和预防返贫具有重要的现实意义。人与自然关系的和谐不仅可以提升生活质量，而且可以减少环境破坏带来的额外成本投入。因此政府部门不仅要加大对环境项目的资金与技术投入，还要扩展环境项目的领域，增加诸如垃圾处理、村庄道路排水设施、村庄生活污水排水设施等项目。此外还要通过适当的保护环境宣传来促进村民在生活中减少使用传统能源、节约使用自然资源等。

其次，要继续进行资源整合，通过乡政府牵头、村委会实施的办法整合专项扶贫、行业扶贫、社会扶贫资源，通过村民自主参与式的方法提高村民的参与能力。因此，要整合村民灾后恢复重建的力量，规范参与途径，提高参与效果。陡嘴子村灾后重建得益于村民的参与，但是这样的参与主要是由于灾后重建而组织起来的临时性参与，而且是以召开大会的方式进行的，缺少常态机制，因此需要规范参与机制，使得村民参与常态化。社会系统要能够在灾后短时间内迅速恢复，除了有良好的社会秩序与强有力的经济支持之外，还要有明确的灾害反应机制，通过系统的灾害反应机制，按部就班、临危不乱。而要达到这样的效果就要规范各种反应机制。村民作为灾后重建的主体，是重建恢复的重要力量，不仅参与范围在不断扩大，而且参与程度也在不断加深。正因为如此，更应该规范村民的参与途径，提高村民的参与效果。要根据村民自治条例，确保村民参与村庄事务治理的权力。在灾后重建中，村民参与能力得到提高，参与意识得到加强，重建后期以及今后，村民还要继续提升参与能力，完善村庄治理机制，提高村庄治理效果。

再次，完善村民的参与机制、扩大村民参与村庄事务建设和管理的领域。除了提高村民参与效率之外，还要确立并规范村民参与村庄治理的长效机制。不仅在村庄出现危机时，村民能够挺身而出敢于担当，而且在平时也能积极参与公共事务决策。因此要继续探索出在现有的村民自治制度框架内扩大村民参与的渠道，村民会议的召开要定期、规范，明确会议议程等，扩大村民议事的范围，确立村民代表的参会资格，建立重大公共事务决策必须经过村民大会的制度。另外，要大力发展村庄内部的专业协会，例如陡嘴子村目前有老年协会、村级互助资金组织、妇女互助资金组织，这些协会发挥着文化娱乐、生产互助的功能，还应发挥影响村庄公共事务、完善村民利益表达机制的功能。

最后，完善村民内部参与和外部援助资源整合的制度环境。总的来说，陡嘴子村在灾后重建中表现出来的特点是，在重建村庄公共服务设施上通过对外部供给资源和内部现有资源的有效整合，通过村民的自主积极参与和政府的有效动员和科学实施渠道能够将有限的资源整合起来把事情做好，提供好的公共服务，帮助农户恢复生产、抵抗贫困，达到资源有效配置的效果。村庄内部参与组织的建立主要得益于外部援助资源的推动，但是由于村民对于外部援助组织不了解，没有合作经历，将外来的援助者以及志愿者都看做是政府工作人员，影响了援助效果。因此要完善村民内部参与和外部援助资源整合的制度环境，例如建立正常的合作机制，规范与外部援助的合作渠道，优化村

庄外部援助资源的分配机制等。

三、微观层面上的对策

第一,加大对弱势群体灾后重建的帮扶力度。弱势群体在灾后重建的参与过程中人数少,特别是在用投票方式为主的参与式决策中的对于村庄建设的意见影响力较小。虽然村庄建设同样会对弱势群体产生积极的作用,但是其特有的需求则难以得到保证,在整个重建过程中容易被边缘化。因此,灾后重建的参与式过程就更要注意弱势群体的权利和需求,通过直接增加相关项目与制度保障的方式建立起弱势群体的援助机制和发展机制。增强弱势群体的发展能力,提升弱势群体在灾后重建过程中的发展效果。

第二,在强化发展能力的同时注重环境保护。虽然在陡嘴子村的灾后重建过程中,环境保护与和谐发展一直都是核心原则,但是还需要在实际项目中增加环境保护的比重。环境保护项目不如村庄基础设施项目,不能马上看到项目的效果,因此更要注重环保意识的培养,并且增加环境项目的资金与技术投入。此外,还要扩展环境保护项目的领域,增加诸如垃圾处理、村庄道路排水设施、村庄生活用水排水设施等项目。

第三,增强村民的发展能力不能脱离风险意识培养和风险能力建设。村庄建立灾害演练和预防机制的基础便是要以村民的风险意识和风险应对能力为核心进行风险机制建设。具体来说就是要将风险意识培育和危机应对的目标落实到村民的生活中去。一是要在观念意识上注重宣传和教育,通过危机教育增强村民的风险意识和预防意识。将各种安全观念融入生活中,培养公众平日即养成独特的敏感性,从各个角度感知并发现可能发生的潜在的隐患信息。二是要在操作上提升村民的风险防范技巧,通过模拟演练等方式提高村民的风险应对的实践能力。通过日常宣传、书籍教育、村民大会和实际演练不断提升风险应对的技巧和操作能力。

第四节 经验与机制的推广和复制

相信有很多同样的村庄经过灾害的洗礼后更能珍惜发展的机会,通过外部援助与内部自主性的有机结合能够迸发出更多关于村庄减贫减灾的智慧火花。总体而言,陡嘴子村的灾后重建经验有很多值得借鉴和推广的地方,但是最值得提到的首先是村庄的参与式发展程度较高，有一定的自主性，并且村民的参与意识、参与能力有所提高；其次是关于村庄发展的政策评估与交流模式，以及可持续的发展方式与经验。虽然很多经验还没有成为固定的制度并且嵌入到日常管理的制度中，但是关于村民参与、评估与交流等已经不是偶然发生的事件，而是会逐步增加并且逐渐常态化。

一、参与式发展模式

不可否认，参与式发展模式在陡嘴子村的灾后重建过程中起到了积极的作用。总体来说，陡嘴子村在灾后重建中表现出来的特点是在村庄公共服务上通过对外部供给资源和内部现有资源的有效整合，提供好的公共服务，帮助农户恢复生产抵抗贫困，达到资源有效配置的效果。这样的效果得益于通过参与式的发展模式将村庄建设的内外资源结合起来。村庄内部参与组织的建立很大部分得益于外部援助资源的推动，但是由于村民对于外部援助组织不了解，没有合作经历，对于外来的援助者以及志愿者，村民都看做是政府工作人员，影响了援助效果。因此要完善村民内部参与和外部援助资源整合的制度环境，例如建立正常的合作机制，规范与外部援助的合作渠道，优化村庄外部援助资源的分配机制等。

因此，在陡嘴子村的重建发展后期，更要注重参与式发展模式的机制完善。首先要以《中华人民共和国村民委员会组织法》为基础，对村民参与的权利进一步明确、细化。要充分赋权予村民，要不断地通过项目实践的方式提高村民参与意识，通过项目交流的方式提高乡村管理者的认识水平。其次要不断完善公众参与的制度、经济保障机制；完善村民参与的信息渠道和获取机制、明确公众参与的具体操作事项等。此外，要加大对脆弱性群体的帮扶力度，建立起对于脆弱性群体的特别援助和发展机制，增加对空巢老人、单亲儿童、残疾人等脆弱性群体的救助与照顾，提升脆弱性群体的发展能力。

二、坚持可持续发展重建理念

可持续发展重建理念是5·12汶川地震灾后重建的重要原则。由于可持续发展需要的投入较多，而且不能在短期内看到全部的效果，所以难以坚持。但是从长远来看，只有坚持了可持续发展重建理念，才能循序渐进地推进村庄长远持续地发展。在村庄发展的规划中，陡嘴子村通过参与式发展规划，很好地考虑了环境保护与村庄可持续发展，在村庄基础设施项目上侧重于道路建设、水利建设、农田改造、技术培训这些基本的涉及村民生计能力的发展。在

重建项目实施过程中,农户则将震后受损的旧房屋整理、材料利用与住房重建很好地结合起来,节约材料,减少住房重建占用的耕地。这些措施有效地避免了灾后灾害重建中的"只为应急,不为长远做打算"的弊端,为村庄的持续发展奠定了基础。

除此之外,陡嘴子村的可持续发展还主要体现在村庄建设中的环保投入项目上。通过清洁能源的推广和使用,村庄基础设施的完善以及环保卫生的生活意识的提高,村庄的环境变好了,村民的环保意识也提高了。以往村庄里面到处是垃圾的现象现在很少见到,这就是通过村庄公共设施建设的投入对村庄垃圾进行了集中收集、集中处理,美化了村庄环境,同时也美化了自然环境,减轻了环境污染。

三、减贫减灾政策的合作交流模式

减贫减灾政策的合作交流给灾后重建带来了有益的帮助。灾后重建的政策交流范围涉及灾后重建的方式、过程,以及生计发展内容和对弱势群体的关注。交流的方式包括项目建议、项目评估与研究、以重建的某一主题进行的交流培训会议。特别是以 UNDP 工作方式为导向的交流方式,为政府部门间的合作与交流提供了平台,为国际减贫减灾政策的交流与完善提供了借鉴。

减贫减灾政策合作交流是建立在对贫困村减贫减灾过程的政策评估上的。在灾后重建过程中,已实施的灾后重建政策与规划坚持以人为本、科学重建的方针,按照有限范围、有限时间确定有限目标和任务的要求,优先恢复重建受灾群众基本生活生产和公共服务设施。坚持尊重科学、尊重自然;坚持自然资源开发与人力资源开发并重。通过国家支持、社会帮助和群众自力更生,努力实现贫困村灾后恢复重建目标。在实际操作过程中,社会政策行动的偏离并不能完全覆盖重建政策与规划的目标,这也就导致差异的出现。在现实生活中,灾后重建政策与规划也并不能完全与地震灾区农民的意愿一致,并不能有效满足农民灾后重建家园的需求,这也就从另一层面导致了差异的产生。通过调查与分析,寻找差异存在的根本原因,进而探索贫困村重建的基本途径和策略,是评估的重要任务,也是减贫减灾合作交流的重要内容。

四、加强贫困村灾害抵御能力建设

加强贫困村灾害抵御能力建设在增强村庄发展能力的同时又能尽量减轻今后灾害对村庄的破坏程度。贫困村灾后重建要放眼于怎样加强灾害抵御能力建设,减少贫困群体因灾更加脆弱的风险。要把风险意识的培养落实到行动中去，让公众有效吸收并通过行动与社会氛围不断培育风险意识。一是加强危机教育，提高公众预防能力，将各种安全观念融入生活中，使公众平日即养成独特的敏感性，从各个角度感知并发现可能发生的隐患信息。二是培训风险防范技巧，增强公众应急能力。三是进行模拟演练，提高公众实践能力，拟定可能发生的风险事件，组织进行各种危机应对演练。四是引导自动调适，调整公众心理恢复能力。针对一些突发事件的风险对公众造成的恐慌与焦虑，应开展心理辅导，消除身体与心理上所受到的伤害。

FULU...

附　录

一、个案信息与研究工具

编号规则

首先，对访谈内容进行编号，从而对不同访谈对象进行标示。

其次，访谈编号由被访者家庭类型＋编号＋重建情况组成。

再次，值得说明的是，被访者的家庭类型、重建情况都是参照乡镇与村庄在重建过程中的统计分类来认定的。而在实际访谈过程中，访谈员认为被访者属于弱势群体，但又不是正式统计中的弱势群体时，会在访谈对象分布表中"是否弱势群体"进行说明。

根据乡镇与村庄统计数据作出分类。

(1) 被访户类型。根据当地政府部门提供的村民花名册可分为：一般户、因灾返贫户、特重灾户和低保户、建档贫困户。这些被访户类型的分类是不互斥的，因为不同的家庭类型是不同的政府部门工作的对象。一般户、因灾返贫户、特重灾户是从灾害统计的角度来进行的分类。低保户是从民政系统的角度进行的分类，建档贫困户是从扶贫系统角度进行的分类。在这里为了保持资料完整性，故而都放在了一起进行统计。但为了研究方便，在被访者的编号中，没有因灾返贫的一般户标记为N，因灾返贫户标记为B，其中特别困难的，如特重灾户、低保户、建档贫困户的家庭标记为T。同时，由于村庄外出务工人员较多，留守人员不少，为了考察留守人员问题，故而在访谈过程中，访问员会特别关注留守妇女、儿童、老人和残疾人，因此对这些人会有单独的标记：W妇女\C儿童\O老人\D残疾人。但是所有的分类并不是互斥的，只是为了研究方便。因此，被访者家庭准确的资料以被访内容为主，被访者编号仅仅只作提示、标示之用。

(2) 个案编号范围：1～20。

(3) 重建情况分为：R——重建户，H——加固户，CR——集中重建户。

如附表1所示为访谈对象分布表。

附表 1　访谈对象分布(2009 年 11 月)

访谈编号和对象	所属小组	家庭人口	是否重建户	受灾情况	是否弱势群体
B-01-R	4	6	是	因灾返贫	否
B-02-H	4	3	否	因灾返贫	空巢老人
B-03-R	4	6	是	因灾返贫	否
B-04-R	4	2	是	因灾返贫	空巢老人
B-05-R	5	3	是	因灾返贫	空巢老人
B-06-H	5	4	否	因灾返贫	否
T-04-R	3	3	是	因灾返贫、低保户	否
T-05-R	2	5	是	因灾返贫、特重灾户	空巢老人
B-07-R	2	3	是	因灾返贫	否
B-08-H	2	5	否	一般户	空巢老人
B-09-R	4	2	是	因灾返贫	否
B-10-R	1	7	是	因灾返贫	否
T-06-R	1	5	是	特重灾户、低保户	否
T-03-H	3	4	否	因灾返贫	否
B-11-CR	5	7	是(集中点)	因灾返贫	否
W-02-O	1	1	否	低保户	空巢老人
N-01-CR	5	5	是(集中点)	一般户	否
T-01-CR	5	2	是(集中点)	建档贫困户	否
B-03-O	6	6	否	因灾返贫	否
B-12-R	6	5	是	因灾返贫	否
B-13-R	6	5	是	因灾返贫	否
N-02-H	7	5	否	一般户	否
B-14-H	7	3	否	因灾返贫	留守妇女
B-14-H	7	5	否	因灾返贫	单亲家庭
T-07-R	7	2	是	低保户、特重灾户	否
T-02-CR	5	2	是(集中点)	建档贫困户	否
T-08-R	6	3	是	低保户、特重灾户	否
T-04-O	4	1	否	低保户	空巢老人

续表

访谈编号和对象	所属小组	家庭人口	是否重建户	受灾情况	是否弱势群体
村民代表	1	6	是	因灾返贫	否
T-09-R	3	4	是	建档贫困户、特重灾户	空巢老人
B-05-O	4	1	否	因灾返贫	空巢老人
村委会委员	—	—	—	—	—
乡长	—	—	—	—	—

（2009年11月—2009年12月）

问　卷

问卷编号：________　　　　陡嘴子村________组________

绵阳市陡嘴子村社会建设问卷

老乡：

您好！

为了了解一些恢复重建的情况，现在请您和我一起完成这份问卷。我们的访问可能会耽误您20多分钟的时间，谢谢您的配合。访问结果将会绝对保密，您不必顾虑！

谢谢您的理解和支持！

以下问题请访问员根据所掌握的资料直接填写。

1. 被访者家庭是(可多选)________。

A. 一般户　B. 建档贫困户　C. 因灾返贫户

D. 低保户　E. 五保户　F. 特重灾户

2. 被访者是________。

A. 空巢老人　B. 留守妇女　C. 残疾人士　D. 其他

3. 被访者目前居住的房屋是否在水泥路边(庭院离水泥路最短距离不超过10米；如果没有庭院则是房屋地基离水泥路不超过10米)？________

A. 是　B. 否

以下问题请访问员与被访者一起完成：

4. 您的性别是________。

A. 男　B. 女

5. 您的年龄是________岁。

6. 您的文化程度是________。

A. 没有读书　B. 小学　C. 初中

D. 高中或中专　E. 大专及以上

7. 地震后您家申报的是重建户还是加固户？________

A. 加固户(跳答到13题)　B. 重建户(回答8～12题)

8. 您家是第几批申报重建的？________

A. 第一批　B. 第二批

9. 您目前选在哪里进行新房修建？________

A. 原来老房子的地方　B. 离老房子不远的地方(不在水泥路边)

C. 居民集中点　D. 离老房子不远的地方(在水泥路边)

10. 您的新房目前是否完工？________

A. 还未开始修建　B. 刚打地圈梁　C. 第一层还没盖板

D. 基本修好了还没做分水　E. 已经完工了

11. 目前您家在新房里的生活内容有(绝大部分时间)

	A. 是	B. 不是
1101 做饭		
1102 吃饭		
1103 洗碗		
1104 睡觉		
1105 上厕所		
1106 养蚕		
1107 看电视		
1108 娱乐(斗地主或是打牌聊天之类)		

12. 您家住房重建的资金情况是(单位:元)

自家的存款	政府补贴	亲友借款	信用社重建低息贷款(利率为4.8‰)	信用社一般贷款(非低息贷款)	民间高利贷	建筑材料和劳务赊欠	其他	共计

请访问员完成：

1210:在所有项目中所占比例最高的是________。

A. 自家的存款　B. 政府补贴　C. 亲友借款　D. 信用社重建低息贷款

E. 信用社一般贷款　F. 民间高利贷　G. 建筑材料和劳务赊欠　H. 其他

13. 您家目前是否申报了第三批重建？________

A. 申报了　B. 没有 ⟶ 1301:是否打算申报？________　A. 是　B. 否

14. 您家有人在外面打工吗？________

A. 有　　　　　　B. 没有

15. 主要收入情况(货币收入,单位:元)

	土地种植	养殖业(猪、鸡、鸭)	养蚕	打工	运输	做生意	其他	共计
2007 年								
2008 年								
2009 年								
变化情况: A. 增加、增加 B. 增加、不变 C. 增加、减少 D. 减少、减少 E. 减少、不变 F. 减少、增加 G. 不变、增加 H. 不变、不变 I. 不变、减少								

1511:2007 年在所有收入方式中所占比例最高的收入方式是________。

A. 土地种植　B. 养殖业　C. 养蚕　D. 打工　E. 运输　F. 做生意　G. 其他

1512:2008 年在所有收入方式中所占比例最高的收入方式是________。

A. 土地种植　B. 养殖业　C. 养蚕　D. 打工　E. 运输　F. 做生意　G. 其他

1513:2009 年在所有收入方式中所占比例最高的收入方式是________。

A. 土地种植　B. 养殖业　C. 养蚕　D. 打工　E. 运输　F. 做生意　G. 其他

16. 一年主要支出情况是(货币支出,单位:元)

	子女读书费用	盖房子	日常生活消费(柴米油盐)	电费	水费	电话费	电视费	人情事务	购买家电	做生意的成本	购买化肥、农药和种子	其他	共计
2007 年													
2008 年													
2009 年													
变化情况:A. 增加、增加 B. 增加、不变 C. 增加、减少 D. 减少、减少 E. 减少、不变 F. 减少、增加 G. 不变、增加 H. 不变、不变I. 不变、减少													

续表

1611：在所有支出中所占比例最高的的是________。
A. 子女读书费用　B. 盖房子　C. 日常生活消费(柴米油盐)
D. 电费　E. 水费　F. 电话费　G. 电视费　H. 人情事务
I. 购买家电　J. 做生意的成本　K. 购买化肥、农药和种子　L. 其他

17. 您家有以下电器和工具吗？

	震前(2008 年 6 月前)		目前(2009 年 12 月)	
	A. 有	B. 没有	A. 有	B. 没有
彩电				
冰箱				
洗衣机				
空调				
摩托车				
固定电话或手机				
热水器				
电脑				
旋耕机				
脱米机				
打米机				
抽水机				
拖拉机				

请访问员完成：
1720：地震后以上项目数量的变化情况是________。A. 增加　B. 减少　C. 不变

18. 您家目前居住的面积有________平方米。
19. 您家目前有________口人(包括外出打工、入学、当兵)。
1901：被访户人均面积________。
A. 15 平方米以下　B. 16～30 平方米　C. 31～45 平方米
D. 46～60 平方米　E. 61 平方米以上

20. 农户生产情况

	2007年	2008年	2009年	变化情况：A. 增加、增加 B. 增加、不变 C. 增加、减少 D. 减少、减少 E. 减少、不变 F. 减少、增加 G. 不变、增加 H. 不变、不变 I. 不变、减少
水稻田亩数/亩				
种水稻田的人数/人				
水稻田投入的农药(折算成货币，元)				
水稻田投入的化肥(折算成货币，元)				
水稻田投入的种子(折算成货币，元)				
水稻田共产出/千克				
水稻总产量按当年价格折算成货币/元				
水稻田产能比/(千克/亩·人)				
水稻田货币产能/(元/亩·人) (折算货币－货币成本)÷亩数÷人数				
旱地亩数/亩				
种旱地的人数/人				
旱地投入的农药(折算成货币，元)				
旱地投入的化肥(折算成货币，元)				
旱地投入的种子(折算成货币，元)				
旱地共产出/千克				
旱地总产量按当年价格折算成货币/元				
旱地产能比/(千克/亩·人)				
旱地货币产能/(元/亩·人) (折算货币－货币成本)÷亩数÷人数				
养蚕人数/个				
养蚕数量/张				
每天养蚕投入的时间/小时				
桑叶种植地亩数/亩				
养蚕使用的房屋面积/平方米				

续表

	2007年	2008年	2009年	变化情况：A. 增加、增加 B. 增加、不变 C. 增加、减少 D. 减少、减少 E. 减少、不变 F. 减少、增加 G. 不变、增加 H. 不变、不变 I. 不变、减少
养蚕产出：蚕茧/千克				
养蚕收入/元				
养蚕产能比/(元/人)				

21. 信息获取情况

	2007年	2008年	2009年	途径数量的变化情况：A. 增加、增加 B. 增加、不变 C. 增加、减少 D. 减少、减少 E. 减少、不变 F. 减少、增加 G. 不变、增加 H. 不变、不变 I. 不变、减少
天气情况				
插秧时间				
种子信息				
肥料信息				
养蚕技术				
蚕种价格				
蚕茧价格				
外出就业				
养殖技术				
农业政策				
物价信息				
交通信息				
重建恢复政策				

(根据以下途径填写代码到相应位置，可多选)

A. 电视；B. 网络；C. 广播；D. 报纸；E. 短信；F. 村里的展板；G. 村里开会；H. 乡里的公告；I. 乡里开会；G. 亲戚朋友打电话告诉的；K. 亲戚朋友见面时告诉的；L. 送下乡系列活动；M. 路上听人家说的；

N. 其他途径一：________________________________；

O. 其他途径二：________________________________。

22. 居住与交通状况

	2008 年 5 月前		2008 年 5 月后		2009 年	
	是	否	是	否	是	否
是否每周至少打扫 2 次房间?						
是否每间屋子都有安装电灯?						
是否每个家庭成员(成年人)都有自己的卧室?						
是否有专门的堂屋?						
是否有专门吃饭的房间?						
是否有专门做饭的房间?						
是否有单独的厕所?						
是否有单独的猪圈?						
是否有沼气池?						
是否有单独的房间用于娱乐?						
是否有单独的房间用于储藏物品?						
是否有庭院?						
是否有单独洗澡的房间?						
房间里的自然光线是否充足?						
是否有自来水?						
是否有污水排放管道或水沟?						
房屋周边是否有垃圾集中点?						
出行是否方便?						
是否通电?						
是否安装电话机?						
外出就医是否方便?						
子女上学是否方便?						
拉建筑材料是否方便?						

23. 村民饮水用水情况

	2008 年 5 月前	2008 年 5 月后	目前(2009 年 12 月)
饮用水			
做饭用水			

续表

	2008 年 5 月前	2008 年 5 月后	目前(2009 年 12 月)
洗菜用水			
洗碗用水			
洗衣用水			
洗涮用水			
牲畜饮水			

A. 自家井水　B. 别家井水　C. 自家自来水　D. 别家自来水　E. 水沟里的水　F. 堰塘里的水　G. 下雨接的水　H. 矿泉水　I. 桶装水　J. 山里的井水　K. 其他（单选，选最主要的）

24. 您觉得村里的水泥路损坏主要原因是________。

A. 质量不好　　B. 修房子时拉材料的车子压坏了

C. 平时破坏了　　D. 其他

25. 您家重建或加固是否因为村里的道路不好而耽误了修建时间？________

A. 耽误了，但不是很长（未超过预期三个月）　B. 没有耽误

C. 耽误了，而且很长（超过预期六个月）

26. 您家重建或加固是否因为村里的道路不好而增加了修建成本？________

A. 增加了，但不是很多（未超过预计的 1 000 元）　B. 没有增加

C. 增加了，而且很多（超过预计的 3 000 元）

27. 武堰水沟修好前，每年家里的水田有缺水的时候吗？________

A. 有　　B. 没有

28. 武堰水沟修好后，每年家里的水田有缺水的时候吗？________

A. 有　　B. 没有

29. 震前（2008 年 5 月前）每年栽秧的时候，您会主动为村里去武堰沟守水吗？________

A. 会主动去　　B. 如果村干部叫我去我就去　　C. 不愿意去

30. 震后，每年栽秧的时候，您会主动为村里去武堰沟守水吗？________

A. 会主动去　　B. 如果村干部叫我去我就去　　C. 不愿意去

31. 您觉得在您家土地周围修建一个堰塘能够保证以后天旱时地也不会干旱吗？________

A. 完全能够保证不干旱　　B. 不能保证　　C. 能部分保证

32. 您觉得村里有个砖厂给您修房子买砖带来方便了吗？

A. 带来了方便　　B. 没有带来方便　　C. 说不清

33. 村民出行状况

	步行	骑自行车	搭乘摩的	骑摩托车	开车	其他
2008 年 5 月以前赶集主要是靠						
2008 年 5 月～2008 年 12 月赶集主要靠						
目前(2009 年 12 月)赶集主要是靠						

34. 村民饮食与生活情况

	2008 年 5 月前	2008 年 5 月后	目前:(2009 年 12 月)	变化情况:A. 增加、增加 B. 增加、不变 C. 增加、减少 D. 减少、减少 E. 减少、不变 F. 减少、增加 G. 不变、增加 H. 不变、不变 I. 不变、减少
每天正餐次数/次				
每周吃肉次数/次				
每周到乡里或其他地方买菜/次				
每周上街买菜平均花费/元				
每周吃鸡蛋/个				
每周洗澡/次				
每周出门包括赶集、看病、接送子女/次				
每周看电视/小时				
每周下地劳动/小时				
每周建房修房/小时				
每周串门聊天/次				
平均每月花多少钱买新衣服和鞋子/元				

35. 村民出行目的(多选,有几项勾几项)

	买菜、购买日用品	购买建筑材料	购买种子、化肥、农药	串门聊天或打牌	看病买药	接送子女上学	去城里	没有原因,就是散步	其他
2008 年 5 月以前出门主要是为了									
2008 年 5 月～2008 年 12 月出门主要是为了									
目前(2009 年 12 月)出门主要是为了									

36. 现在您从家里走路到街上去赶集比以前没有水泥路的时候是不是节约时间了?________

A. 节约了很多时间　B. 没有节约时间　C. 说不清

37. 你打算在现在住的房子里养蚕吗? ________

A. 打算　B. 不好说　C. 不打算　→　3701:为什么?

A. 养蚕太辛苦　B. 现在是新房子,养蚕臭得很

C. 没有踏踏(当地方言,指地方、空间)养蚕　D. 没有时间养蚕

E. 没有什么收益　F. 其他

38. 您觉得建房时拉材料的车子对村里的路损坏大吗? ________

A. 很大　B. 比较大　C. 一般　D. 没有损坏

39. 如果玉河镇那边的村子拉材料的大车子从村里的路上过您会同意吗? ________

A. 同意　B. 不同意

40. 村里修路向村民集资

	A. 合理	B. 不合理
4001 村里修路一部分钱向村民集资		
4002 村里修路集资按人头出钱		
4003 村里修路集资按户出钱		
4004 村里修路集资按土地出钱		
4005 村里修路集资人均 250 元		
4006 村里修路集资人均 300 元		
4007 村里修路集资人均 400 元		

41. 您家房屋加固或重建中，所需要的材料转运了吗？________

A. 转了　　　　　B. 没转(跳答到第 43 题)

42. 您家修房子转运材料(哪年修的填哪年，没有重建，加固也算)：

	2007 年		2008 年		2009 年	
	A. 有	B. 没有	A. 有	B. 没有	A. 有	B. 没有
4201 增加材料运输成本						
4202 耽误房子修建时间						
4203 增加修房子的负担						

43. 2008 年 7 月份涨洪水的时候给您生活带来的影响是：

	A. 是	B. 否
出行不方便		
怕把房子泡垮了		
威胁到人身安全		
把庄稼泡坏了		
天天下雨，不好养蚕		
以上项目，你最担心的是________。		

44. 你觉得现在修的这条中沟能够完全解决 7、8、9 月份的洪水问题吗？________

A. 能够完全解决　B. 能够部分解决　C. 不能解决

45. 您家打算安装自来水吗？________

A. 不打算　　　　B. 打算

46. 如果安装自来水，每个月 10 元的水费您能接受吗？________

A. 能接受　　　　B. 不能接受

47. 你觉得使用沼气可以

	A. 很同意	B. 同意	C. 不同意
4701 夏天烧热水方便、省事省时			
4702 冬天烧热水方便、省事省时			
4703 夏天做饭方便，节省时间、省事			
4704 冬天做饭方便，节省时间、省事			
4705 不用砍柴，节约时间			
4706 冬天用起来也很方便			
4707 养猪的话用沼气也很划算、方便			
4708 使用沼气厨房很卫生			

48. 您家目前建好了

	没开始建	正在建	建好了
4801 厕所			
4802 猪圈			
4803 沼气池			
4804 厨房			

49. 生活幸福满意度

		很满意	比较满意	不满意	很不满意
收入	2008 年 5 月前				
	2008 年 5 月后				
	目前(2009 年 12 月)				
居住	2008 年 5 月前				
	2008 年 5 月后				
	目前(2009 年 12 月)				
饮水	2008 年 5 月前				
	2008 年 5 月后				
	目前(2009 年 12 月)				
饮食	2008 年 5 月前				
	2008 年 5 月后				
	目前(2009 年 12 月)				
出行	2008 年 5 月前				
	2008 年 5 月后				
	目前(2009 年 12 月)				
医疗	2008 年 5 月前				
	2008 年 5 月后				
	目前(2009 年 12 月)				
教育	2008 年 5 月前				
	2008 年 5 月后				
	目前(2009 年 12 月)				

50. 信心指数

		很有信心	比较有信心	一般	没有信心
房屋抗震	2008 年 5 月前				
	2008 年 5 月后				
	目前(2009 年 12 月)				
经济收入	2008 年 5 月前				
	2008 年 5 月后				
	目前(2009 年 12 月)				
饮用水	2008 年 5 月前				
	2008 年 5 月后				
	目前(2009 年 12 月)				
村庄治安	2008 年 5 月前				
	2008 年 5 月后				
	目前(2009 年 12 月)				
社会组织	2008 年 5 月前				
	2008 年 5 月后				
	目前(2009 年 12 月)				
村干部	2008 年 5 月前				
	2008 年 5 月后				
	目前(2009 年 12 月)				
政府	2008 年 5 月前				
	2008 年 5 月后				
	目前(2009 年 12 月)				
社会	2008 年 5 月前				
	2008 年 5 月后				
	目前(2009 年 12 月)				
村庄基础设施建设	2008 年 5 月前				
	2008 年 5 月后				
	目前(2009 年 12 月)				
脱贫致富	2008 年 5 月前				
	2008 年 5 月后				
	目前(2009 年 12 月)				
目前建房所欠贷款					
未来生活					

51. 2008年5月以前，平均每月买药的费用________。

A. 能够承受，没有负担　　B. 基本能承受

C. 不太能承受，基本上每年需要借5千元左右的钱或是亲朋好友支持

D. 不能承受，每年需要亲朋好友支持，还要借钱

E. 没有买药

52. 2008年5月以后，平均每月买药的费用________。

A. 能够承受，没有负担　　B. 基本能承受

C. 不太能承受，基本上每年需要借5千元左右的钱或是亲朋好友支持

D. 不能承受，每年需要亲朋好友支持，还要借钱

E. 没有买药

53. 2008年5月以前，生大病住院的费用________。

A. 能够承受，没有负担　　B. 基本能承受

C. 不太能承受，基本上每年需要借5千元左右的钱或是亲朋好友支持

D. 不能承受，每年需要亲朋好友支持，还要借钱

E. 没有生病住院

54. 2008年5月以后，生大病住院的费用________。

A. 能够承受，没有负担　　B. 基本能承受

C. 不太能承受，基本上每年需要借5千元左右的钱或是亲朋好友支持

D. 不能承受，每年需要亲朋好友支持，还要借钱

E. 没有生病住院

55. 2008年5月以前，子女上小学初中的费用________。

A. 能够承受，没有负担　　B. 基本能承受

C. 不太能承受，基本上每年需要借5千元左右的钱或是亲朋好友支持

D. 不能承受，每年需要亲朋好友支持，还要借钱

E. 没有子女上小学初中

56. 2008年5月以后，子女上小学初中的费用________。

A. 能够承受，没有负担　　B. 基本能承受

C. 不太能承受，基本上每年需要借5千元左右的钱或是亲朋好友支持

D. 不能承受，每年需要亲朋好友支持，还要借钱

E. 没有子女上小学初中

57. 2008年5月以前，子女上大学的费用________。

A. 能够承受，没有负担　　B. 基本能承受

C. 不太能承受，基本上每年需要借5千元左右的钱或是亲朋好友支持

D. 不能承受，每年需要亲朋好友支持，还要借钱

E. 没有子女上大学

58. 2008年5月以后，子女上大学的费用________。

A. 能够承受，没有负担　　B. 基本能承受

C. 不太能承受，基本上每年需要借 5 千元左右的钱或是亲朋好友支持
D. 不能承受，每年需要亲朋好友支持，还要借钱
E. 没有子女上大学

59. 如果您在农用商店买了一个伪劣的米仓，您会怎么做？________
A. 只能怨自己倒霉　　B. 到商店与售货员打架要退货
C. 通过合法渠道解决　　D. 其他途径

60. 您家修房子时与砖匠是否签订合同？________
A. 有口头协议，有人证明　　B. 签了书面协议　　C. 没有签订任何协议

61. 忧患意识(您在这两个时间段里对以下问题的担忧情况)

	2008 年 5 月—12 月		目前(2009 年 12 月)	
	担忧	不担忧	担忧	不担忧
身体健康				
家人身体健康				
家庭收入不稳定				
地震				
洪水				
火灾				
财产安全				
社会稳定				

62. 村庄参与情况

	2007 年	2008 年	2009 年	变化情况：A. 增加、增加 B. 增加、不变 C. 增加、减少 D. 减少、减少 E. 减少、不变 F. 减少、增加 G. 不变、增加 H. 不变、不变 I. 不变、减少
每年参加村民大会次数				
村里修路修沟渠的捐款次数				
村里修路修沟渠的捐款数				

63. 您认为，地震前村里大事的拍板权主要在________。
A. 党支部　　B. 村委会　　C. 党支部与村委会“联席会议”

D. 村民代表大会　　E. 全体村民大会

F. 村里其他有威望有能力的“能人”(非党支部和村委会成员)

G. 党支部或村委会会同其他“能人”　　H. 其他

64. 您认为，地震后村里大事的拍板权主要在________。

A. 党支部　　B. 村委会　　C. 党支部与村委会“联席会议”

D. 村民代表会　　E. 全体村民大会

F. 村里其他有威望有能力的“能人”(非党支部和村委会成员)

G. 党支部或村委会会同其他“能人”　　H. 其他

65. 地震前(2008 年 5 月以前)您有参加技术培训的经历吗？________

A. 没有　　B. 有 ⟶ 6501 是关于什么的培训？

A. 养殖技术　　B. 种植技术　　C. 生活安全常识

D. 劳动技能　　E. 其他

6502. 一共几次？________

66. 地震后(2008 年 6 月前)您有参加技术培训的经历吗？________

A. 没有　　B. 有 ⟶ 6601 是关于什么的培训？

A. 养殖技术　　B. 种植技术　　C. 生活安全常识

D. 劳动技能　　E. 其他

6602. 一共几次？________

67. 您参加过的培训在下列活动中对您产生的影响是：

好　处	地震前(2008 年 5 月前)		目前(2009 年 12 月)	
	是	否	是	否
养蚕的成活率高了				
蚕茧价格卖得更高了				
每天不用起早贪黑喂蚕了				
知道怎么选种子了				
每亩地多收了一点				
知道科学施肥了				
当年的收入提高了				
知道生活中的很多知识了				

68. 您希望参加下列哪类技能培训？(可多选)________

A. 车工　B. 养蚕技术　C. 养猪技术　D. 厨师
E. 养鸭技术　F. 摩托车汽车修理工　G. 养鸡技术　H. 种田技术
I. 种菜技术　J. 农业政策　K. 家用电子产品维修　L. 法律知识
M. 砖匠　N. 农业技术　O. 其他

69. 您或您的家人有以下表现吗?

项　目	2008年5月前			2008年5月后			目前（2009年12月）		
	很严重	比较严重	没有	很严重	比较严重	没有	很严重	比较严重	没有
入睡困难、早醒、多梦、易醒									
持续的心情低落、消极观念、兴趣减退、身体不适或消瘦、话少、活动减少，或情绪高涨、高兴愉悦甚至欣喜若狂，极易恼怒、脾气急躁、言语多、自我评价高或夸大、行为鲁莽、睡眠减少而精力充沛									
由强大的精神刺激或持续不断不愉快处境导致抑郁、焦虑、害怕情绪，警惕性增高、失眠、过分担心，遇到与刺激相似境遇感到痛苦									
自言自语、表情淡漠、疏远亲人、生活懒散，部分病人有敌意、冲动									
莫名紧张、恐惧、坐立不安，不时心慌出汗									
有明知没必要却控制不住的情绪、观念和动作，如反复询问、反复想一件事情、反复洗手、反复检查、重复做某一动作									
对某种环境、任务或物体产生强烈的恐惧，自己知道过分害怕不合情理，但不能克服，多用逃避方式应付恐惧									
过分关注自己的身体健康，常担心或相信自己患有某种严重躯体疾病，反复就医检查									

续表

项目	2008年5月前			2008年5月后			目前（2009年12月）		
	很严重	比较严重	没有	很严重	比较严重	没有	很严重	比较严重	没有
持续、严重的疼痛，疼痛不能用生理现象或躯体疾病作出合理解释，情绪冲突或心理社会因素直接导致疼痛的发生。经检查未发现疼痛相应的躯体病变									
精神易兴奋却又易疲劳，多表现为紧张、烦恼、易激怒及肌肉紧张性疼痛和睡眠障碍									
神经性厌食，多表现在爱美的青少年女性身上，为降低体重故意限制饮食，回避可导致发胖的食物，自我诱发呕吐、自我诱发排便、过度运动或服用利尿剂导致厌食、消瘦、闭经、虚弱。神经性贪食，反复发作和不可抗拒的摄食欲望及暴食行为。有担心发胖的恐惧心理，常采取引吐导泄、禁食等方法消除暴食引起的发胖，神经性贪食者常有神经性厌食病史									
有明确的躯体疾病，如冠心病、糖尿病、哮喘、肝脏疾病、肾衰、脑血管疾病等。实验室检查异常，结果充分。同时伴有智力下降、记忆力减退、个性改变、意识障碍，以及兴奋、躁动、胡言乱语、易喜易怒、情感脆弱等。日常生活、人际交往、工作、学习能力受损									

调查结束，再次感谢您的支持！

访谈提纲

政府官员(包括村干部)半结构式访问提纲

• 震前,是否有社会组织参与扶贫?如果有,能否说说您所在的部门是怎么与其进行合作的?

• 震后,是否有社会组织参与扶贫?如果有,能否说说您所在的部门是怎么与其进行合作的?

• 目前,来自政府的重建恢复资金主要使用在哪些地方?

• 震前,政府的扶贫资金来源及使用方法?

• 震后,政府的扶贫资金来源及使用方法?

• 震前,政府扶贫资金主要用于基础设施建设还是农户发展机会?

• 震后,政府扶贫资金主要用于基础设施建设还是农户发展机会?

• 震前,是否有外来扶贫资金参与?如果有,是哪些?资金是多少?(包括对陡嘴子村的资金和其他地方的资金)

• 震后,是否有外来扶贫资金参与?如果有,是哪些?资金是多少?(包括对陡嘴子村的资金和其他地方的资金)

• 震前,除了对贫苦户进行生活救助、生产扶助之外,扶贫工作还有其他方式吗?比如通过政府的组织,促进农户组织经济合作社,或是提高农户的理财能力?

• 震后,除了对贫苦户进行生活救助、生产扶助之外,扶贫工作还有其他方式吗?比如通过政府的组织,促进农户组织经济合作社,或是提高农户的理财能力?

• 震前,扶贫工作方法是什么?能否列举一些扶贫方法?(除行政手段之外还有其他专业手段吗?例如 UNDP 的脆弱性分析和专业社会工作的方法)

• 震后,扶贫工作方法是否有新的改进?如果有,新的方法来自哪里?有没有从 UNDP 那里学到一些?

• 震前,政府扶贫关注的重点是在对绝对贫困农户的救助上还是相对贫困户的发展上?

• 震后,政府扶贫关注的重点是在对绝对贫困农户的救助上还是相对贫困户的发展上?

• 震前,是否关注贫困户自我帮助扶贫?是否有措施提高其自我脱贫的意识或能力?

• 震后，是否关注贫困户自我帮助扶贫？是否有措施提高其自我脱贫的意识或能力？是否关注村民的自然灾害抵御能力与风险意识？

• 目前，在恢复重建中主要的工作重心在哪里？（住房重建？生计？基础设施？环境保护？弱势群体恢复与发展？其他？）

• 对于震前扶贫组织效率（贴息贷款扶贫资金的使用效率、以工代赈资金的使用效率、财政扶贫资金的使用效率）的评价。

• 对于震后扶贫组织效率（贴息贷款扶贫资金的使用效率、以工代赈资金的使用效率、财政扶贫资金的使用效率）的评价。

• 政府在消减自然灾害对贫困村的生活、生产的影响上采取了什么措施？

• 地震之后产生了什么次生灾害？损失多少？采取的措施是什么？

• 谈谈目前灾后恢复重建取得的成绩，成功的原因是什么？是否走过一些弯路？有哪些经验可以总结？

• 近几年村里有过其他自然灾害吗（泥石流、干旱、虫灾和其他）？这些灾害对村里的影响是什么？影响大吗？对村民收入有何影响？采取了什么减灾措施？

• 能否谈谈灾后（灾前）恢复扶贫经验？成功的原因是什么？失败的教训是什么？失败的原因是什么？

农户半结构式深度访谈提纲

• 农户的脱贫态度与手段（是等靠要，还是积极努力）

• 震前，每年平均收入是多少，收入主要来自哪里？有没有觉得收入太少？想出去打工或是做生意吗？

• 震后，每年平均收入是多少，收入主要来自哪里？有没有觉得收入太少？想出去打工或是做生意吗？

• 震前，每年的花销多少？花销主要用于什么地方？觉得钱够用吗？为什么？

• 震后，每年的花销多少？花销主要用于什么地方？觉得钱够用吗？为什么？

• 震前，有打算做生意或是做养殖、种植业吗？有的话，启动资金来自哪里？没有的话，为什么？是不是因为没钱？是否知道互助资金？

• 震后，有打算做生意或是做养殖、种植业吗？有的话，启动资金来自哪里？没有的话，为什么？是不是因为没钱？是否知道互助资金？是否参与互助资金组织，如果参与，主要用于什么？目前情况如何？

• 目前，是否参加以工代赈？是否得到了相应的报酬，得到的钱都用在了哪些方面？

• 目前，沼气池是否修起来了，花了多少钱？得到多少补助？是否开始启用？养了几头猪，多长时间出售一次，能卖多少钱？没有用沼气前，要烧多少柴？做饭要多长时间？现在情况如何？

• 震前，对生活如何评价？满足还是不满足？为什么？

• 震后，对生活如何评价？满足还是不满足？为什么？

• 震后，对生活的信心怎样？是否觉得无助过？

• 目前，对生活有信心吗？

• 5·12 地震后，有没有出现过其他对生活产生重大影响的灾害？如旱灾、虫灾、水灾等，损失多少？采取什么措施？

• 这几年出现过干旱吗？当时对粮食作物或是其他经济作物影响大吗？如果有养殖业，对养殖业有影响吗？对收入影响大吗？

• 震前，家里一般一年用多少农药？用多少化肥？

• 震后，家里一般一年用多少农药？用多少化肥？

• 震后，是否有提高自我劳动技能的愿望？

• 震前，是否参加过村里的选举或其他讨论大事的会议？

• 震后，是否参加过村里的选举或其他讨论大事的会议？

• 震前，是否参加过帮助搞农业经济脱贫致富的专业协会？如果有，为什么参加？当时参加需要什么条件？如果没有，为什么不参加？

• 震后，是否参加过帮助搞农业经济脱贫致富的专业协会？如果有，为什么参加？当时参加需要什么条件？如果没有，为什么不参加？

• 震前，佩服村干部的工作能力吗？为什么？觉得村干部做事情为村民着想吗？村干部有能力号召全村吗？

• 震后，佩服村干部的工作能力吗？为什么？觉得村干部做事情为村民着想吗？村干部有能力号召全村吗？

• 震后，家里房屋毁坏程度如何？

• 震后，是否还有对地震的恐惧？是否经历过其他自然灾害？有恐惧感吗？

• 政府或 UNDP 有没有帮助你消除过以上恐惧？

• 震前与震后农药化肥使用情况如何？（每年使用的农药、化肥数量，效果，产出）

• 震后，家里的住房重建花了多少钱？钱都是从哪里来的？家里现在欠钱吗？因为建房子欠钱还是以前就欠钱，或是都有？准备怎么还？

• 对政府、UNDP 等的扶贫措施怎么看？是不是真正解决了自己的困难？是不是真正解决了大多数村民的困难？

• 震后，有没有参加到政府、社会组织、UNDP 的扶贫活动中去？觉得那些活动是否贴近自身的实际困难，并能够切实解决自身的困难？有没有对自身的生活或是发展带来一些不适应？

如附表 2 所示，为村级定量信息表。

附表 2　村级定量信息表

	震　前	震　后
本村主要的农作物(产量)、经济作物(产量)		
农民人均年纯收入/元		
外出打工占全村劳动力比例/(%)		
村集体可支配收入/元		
人均受教育年限/年		
万人刑事案件数/个		
村庄建设是否有规划		
全村干道公路数/千米		
村内道路硬化率/(%)		
村内道路绿化率/(%)		
全村是否用自来水		
全村人工机井/口		
全村引水沟渠/千米		
全村塘埝/口		
全村石河埝/处		
全村提灌站/处		
全村沼气池/个(每个沼气池的规模)		
全村是否通电		
全村是否用电话		
村内是否实行垃圾集中收集处理		
全村的垃圾处理场		
全村的污水处理处		
是否实行村务公开		
村干部“五个好”情况		
本村近几年是否出现干旱(或虫灾和其他灾害)？		

二、文件与村庄规章制度

陡嘴子村扶贫实施方案文件

绵阳市游仙区扶贫开发办公室文件

绵游开发办【2008】10号

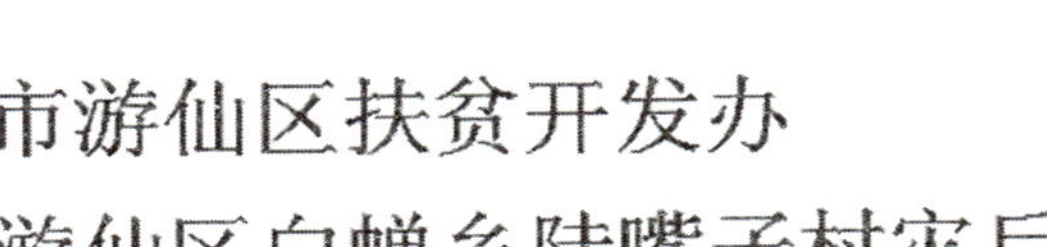

绵阳市游仙区扶贫开发办
关于上报《游仙区白蝉乡陡嘴子村灾后
重建实施方案》的报告

市扶贫开发办:

根据国务院扶贫办贫困村灾后恢复重建规划实施和管理培训会精神和省扶贫开发办《关于认真做好四川省贫困村灾后恢复重建试点启动和实施准备工作有关问题的通知》,在市扶贫开发办领导的亲自关心、支持和帮助下,我区组织区级有关部门、白蝉乡、陡嘴子村三级的干部,对陡嘴子村的灾后重建项目进行了认真讨论、筛选、公示,并形成了《游仙区白蝉乡陡嘴子村灾后重建实施方案》。现予上报,请审查。

白蝉乡陡嘴子村村级发展互助社章程

第一章　总　　则

第一条　依据国务院第250号令和四川省财政厅、四川省扶贫办公室《关于开展“贫困村村级发展互助”工作的指示意见》(川财农〔2008〕27号)文件精神，本着群众自愿入社的原则，制定本章程。

第二条　本团体名称：游仙区白蝉乡陡嘴子村村级发展互助社(以下简称互助社)。

第三条　本互助社的目的：立足扶贫互助、民有、民管、民用、民受益的原则，以资金为纽带，促进农民经济上的联系与合作，建立自助长效发展机制，提高农民自我发展、持续发展能力，有效推进乡村经济和社会的良性协调发展。

第四条　本互助社的性质：在上级政府的扶持下，以贫困农户为主体发展种植业、养殖业、农副产品加工和营销等经营活动。按照“资金民有、责任自担”的原则，实行自主互助、民主管理、利益共享、风险共担。

第五条　本互助社的任务：

(一)通过创立贫困村村民发展互助资金，调剂村民的资金短缺，缓解村民生产资金紧张的矛盾；

(二)通过互助社增强村民自我管理、自我服务、自我教育、自我发展的能力，培育新型农民；

(三)促进农民通过资金的联合，逐步实现生产和购销的联合与合作，形成以农民为主体的资金合作、生产合作和购销合作相结合的农村经营新机制，以适应市场经济发展需要。

第六条　本互助社的原则：

(一)互助社设在行政村，为非营利性组织，互助社理事会对其进行管理；

(二)农户入社自愿，退社自由；

(三)加入互助社需缴纳互助基金，特困户经理事会商议可少缴或免缴互助金，享有和其他农户同等权利，并可优先获得资金和技术支持；

(四)互助资金在互助社封闭运行，有借有还、周转使用、滚动发展、利益共享、风险共担；

(五)以户为单位加入互助社，每户一人，加入实行一票表决制；

(六)不得吸储，不得从事其他未经许可的金融和经营活动；

(七)坚持贫困优先的原则，优先支持贫困户、妇女发展生产。

第七条　互助资金的构成：

（一）财政扶贫资金；

（二）社员入社资金；

（三）接受的社会各界以扶贫为宗旨无附加条件的捐赠款；

（四）本互助社经营赢利部分按比例提留的资金。

第八条　本互助社依法开展各种互助活动，接受上级业务部门的指导和监督。

第二章　成　　员

第九条　申请加入互助社的社员，必须具备下列条件：

（一）年满18周岁有民事行为能力的贫困村村民；

（二）愿意加入本互助社并履行其义务；

（三）有劳动生产能力的贫困村村民；

（四）同等条件下妇女优先。

第十条　村民加入互助社的程序是：

（一）以户为单位提交申请书，填写申请表格；

（二）由互助社筹备小组进行资格审查认定，每户只登记一名社员；

（三）缴纳入社资金；

（四）由互助社发给社员证。

第十一条　社员的权利：

（一）有权参加互助社社员大会，有表决权、选举权和被选举权；

（二）有权对本互助社的工作质询、批评和建议；

（三）享有本互助社提供的各项服务；

（四）有入社自愿、退社自由的权利。

第十二条　社员的义务：

（一）遵守本章程和其他各项规章制度，执行社员大会的决议；

（二）缴纳互助基金；

（三）按时归还借款本金和占用费；

（四）及时积极向互助社反映问题，不做损害互助社利益和声誉的事情；

（五）若要退出互助社，则应提前半个月向互助社提出申请，经社员大会讨论决定后方可退出互助社。

第十三条　有下列情况之一，经教育无效，社员大会表决通过，报本互助社理事会集体研究批准予以除名，办理退出互助社手续，公示公告。

（一）不遵守本章程的。

（二）不履行社员义务的。

（三）长期不参加本互助社组织的活动的。

（四）其行为给本互助社名誉和利益带来严重危害的。

被除名的互助社社员的入社资金于满规定年度年终决算后两个月内退还个人出资部分。政府全额资助、部分资助部分不得退还本人。

第十四条　社员死亡的，可由其法定继承人办理入互助社手续后，继续承担权利和义务。

第三章　机　　构

第十五条　本互助社设立的社员大会，是本互助社的最高权力机构，社员大会由社员组成。

第十六条　社员大会的职权：

（一）制定和修改村民发展互助资金实施办法和章程及资金操作规程，决定互助社的解散及与其他互助资金组织的合并、联合等重大事项；

（二）选举或罢免互助社理事会和监事会人员；

（三）审议批准村互助资金的运作方针、发展规划、年度计划、财务预算和决算方案；

（四）审议决定扩大入社本金及认购相关事宜；

（五）决定其他重大事项。

第十七条　社员大会由本社理事会负责召集，每年至少召开一次，遇有特殊情况，可由管理机构或 1/3 以上社员提议，召开临时社员大会，扶贫部门也有权提议召开临时社员大会。

第十八条　互助社社员大会，应当有 2/3 以上的社员出席方有效，表决实行一户一票制。各项决议须有出席会议的 2/3 以上社员同意方可生效。

第十九条　互助社设理事会和监事会。

（一）理事会是互助社的管理和执行机构，负责互助社的日常工作，由 3 人组成，负责互助社的资金运行和日常管理。由社员大会选举产生，对社员大会负责，任期 3 年。

理事会理事长由社员大会讨论决定。

（二）理事会的主要职责是：

(1) 执行社员大会的决议；

(2) 组织社员共同制定互助资金管理等各项制度；

(3) 确定农户入社资金额度；

(4) 确定项目申报审批条件、程序和权限；

（5）确定借款金额、用途、期限，还款的方式，借款户的比例；

（6）管理费的收取和使用；

（7）农户信誉等级考评；

（8）组织实施各项财务管理制度；

（9）负责借款的审批、发放、回收等具体事务。

理事会要定期召开社员大会，公开互助社运行状况，重大事项由社员大会讨论确定。

（三）监事会是互助社的日常监督机构，一般由 3 人组成，负责监督资金的运行和理事会的工作。

（四）监事会选举办法：

（1）经社员大会民主选举产生；

（2）不得兼任理事会工作；

（3）任期与理事会相同；

（4）如遇特殊情况，可召开社员大会提前改选。

（五）监事会主要职责是：

（1）监督执行互助社章程和规章制度情况；

（2）监督资金发放和收回过程；

（3）监督公开公示的程序和过程；

（4）接受社员的投诉，并与理事会协商解决问题的办法；

（5）向上级扶贫部门反映情况，提出意见和建议。

第四章　互助资金的使用

第二十条　本互助社按照中华人民共和国财政部制定的《民间非营利组织会计制度》建立财务会计制度。

第二十一条　互助社资金实行封闭运行，只允许本社社员本人使用，不得向非本社社员发放。

第二十二条　需用互助金时应填写书面申请，经理事会审议批准后方可发放。

第二十三条　互助社社员按居住区域划分若干小组，使用互助资金实行担保制度，降低资金运行风险，每个申请使用互助金的社员需要 3 人担保，才可使用互助金。

第二十四条　社员使用互助金根据入股多少，确定借款人金额，每股以 50 元计算，可享受股金的 10 倍资金数额，即每入股 50 元可借款 500 元，以此推算。

第二十五条　入股股金不计利息，可享受一定比例的收益红利，具体收益分配视运行情况由社员大会讨论确定。

第二十六条　本互助社互助资金借款担保规定如下：

（一）借款担保人必须是本村互助资金互助社的社员；

（二）凡本村互助资金互助社的社员，以互助小组为单位均可做其他社员的借款担保人，但每个社员在担保期内不得同一时间做重复担保；

（三）实行本村互助资金互助社社员内部互助小组“联保制”。

第二十七条　本互助社互助资金借款程序是：

（一）社员写出借款申请（包括借款用途、项目效益、担保人、还款时间、违约保证等），本人和担保人签字按手印；

（二）中心组审查并张榜公示无异议后批准并经互助社签章；

（三）签订借款合同；

（四）互助社发放借款。

第五章　互助社社员及管理人员纪律规则

第二十八条　互助社社员不得以个人名义向他人转借互助资金，如发现应退回借款，并取消当年本人借款。

第二十九条　管理人员不得利用职权挪用转借互助资金，如发现除退回借款外，还应公开向社员检讨并公示，若因此造成资金流失，应赔偿资金，解除职务。

第三十条　办理借款除必需的手续费外，不得向借款人员收取任何礼物，更不得索要财物，如发现此类事件，应由理事会向社员做出合理解释，并公开检讨。

第三十一条　互助社社员借款到期，必须按借款约定归还，如不能按期归还，应提前一周向理事会说明情况，经理事会审议后决定是否可以延期归还。

第三十二条　借款到期，不按期归还，又不积极主动向理事会说明情况的，由担保人共同承担责任。拒不归还的，除强制归还外，提请社员大会讨论，解除社员资格。

第六章　终止和清算

第三十三条　本互助社遇到下列情况之一时，报县扶贫开发领导小组审定确认后可办理终止：

（一）本互助社理事会或监事会，无法开展活动；

（二）与其他互助资金组织合并；

（三）入社资金亏损 1/4 以上，不能继续运作；

（四）互助社活动消亡。

第三十四条　在确认解散后，理事会应在30天内向社员和社会公告。

第三十五条　本互助社决定解散时，由县、乡两级领导小组与社员组成清查小组，对本互助社的资产和债权、债务进行清理，并制订清偿方案报社员大会批准。本互助社共有资产按下列顺序清偿：

（一）支付清算费用；

（二）支付所欠职员劳动工资；

陡嘴子村扶贫互助资金运行自查报告

2009年，我村被确定为国家级贫困村互助资金试点村，我村高度重视，根据国务院扶贫办指导意见和省、市、区扶贫办的要求，我村按照资金运行规则，积极动员群众入社，当年互助社在区民政局注册登记，开始运行。为了进一步规范互助资金运行和管理，我们对互助资金的运行情况进行了全面自查，现就自查情况报告如下。

一、互助资金项目开展情况

1．加强领导，搞好宣传

自贫困村互助资金项目实施以来，通过宣传动员、制订实施方案、建章立制、组织群众入社等工作，互助社社员民主选举了理事会和监事会，制定了互助社章程，按程序和详细实施方案进行工作。

2．组建互助社，建立完善管理制度和程序

一是按照“入社自愿、退社自由”的原则，组织群众以户为单位申请加入互助社，缴纳互助金。入社要填写申请表，筹备组开具互助金三联单收据等。二是组建3～5户为一组的联保小组，小组成员之间签订联保协议，社员亲笔签名并按手印。三是召开社员大会，选举产生互助社理事会、监事会，两会各由3人组成；通过互助社章程和各项规章制度。四是统一在县民政局注册，在乡信用社设立专门账户。五是严格放款、收款程序。社员借款时需要个人申请并填写借款申请表，所在联保小组填写小组借款申请审批表，每位成员在表上亲笔签名，理事会按程序进行审批。借款社员与理事会签订借款约据，社员按借款约据分期偿还本金和占用费。六是严格坚持资金运转的各项规定，防止出现超额度、超比例借款等各类违规的问题。七是坚持公示制度。社员缴纳互助金、联保小组组建、理事会选举结果等重要事宜必须公示。互助社放款前，互助社在村显著位置设立一个公示栏，对每月借款还款情况进行公示。

3. 加强监管，促进互助资金良性运行

健全体系，强化监督。在互助社设立监督小组，代表全体社员监督执行小组履职情况。

二、存在的困难和问题

由于该项工作刚刚起步，还存在以下一些不容忽视的困难和问题。一是经营管理水平不高。参加资金互助的多为贫困村的贫困村民，文化水平低，经营管理能力差，难以从深层次上解决集中统筹资金与分散发放资金的经营成本控制和风险防范等问题，很有可能影响持续发展能力。二是资金存在一定风险。扶贫互助社大多数的管理人员财务管理知识缺乏，扶贫互助社资金管理难度大；一些农户对互助资金使用的盲目性很大，容易用于灾后重建中去，使互助资金难以用于种养产业的发展。三是开展互助资金试点项目时间短，缺乏经验，对社员还款能力和还款愿望把握不准，互助社有"惜借"现象。四是联保机制较弱，农户热情不高。

三、相关建议

(1) 加大资金投入，增强互助社的实力。建议上级扶贫办加大对贫困村互助社的财政资金投入，以增强互助社实力，扩大资金规模，增强项目的辐射带动力，使互助资金走上"周转使用、滚动发展"的良性运行模式。

(2) 加强人员培训，提高管理水平。要重视和加强互助社管理人员的业务培训，尤其是财务人员的培训，尽快提高互助资金项目和互助社管理人员业务技能，更好地发挥互助资金的使用效益，促进农户增收，使互助社真正成为服务群众、支持群众发展生产、增加群众收入的平台和途径。

(3) 加强风险控制，促进持续发展。要进一步完善互助社管理制度及长效机制，规范互助基金的收缴和借款的发放，做到运行过程公开，接受群众监督；充分发挥监事会和村民监督委员会的作用，通过社会力量监督项目实施，发现和纠正存在的问题，确保贫困村互助资金持续健康发展。

特此报告

白蝉乡陡嘴子村扶贫互助社

资 料

陡嘴子村农渠建设预算

一、建筑物组成

陡嘴子农渠总长 3 300 米，主要建筑工程以明渠为主，如附表 3 所示，为陡嘴子村农渠主要工程量表。

附表 3　陡嘴子村农渠主要工程量表

项目	单位	明　渠	其　他	合　计
渠线长	米	3 300		3 300
开挖土方	立方米	2 970	281.6	3 251.6
开挖石方	立方米	149		149
回填土石方	立方米	825	113	938
75＃浆砌条石	立方米	34.1	24	58.1
75＃浆砌砖体	立方米	316.8	34	350.8
砼	立方米	383.9	12.1	396
抹面	平方米	2 904	170	3 074

二、工程施工条件

施工区对外交通方便，建材及施工机械设备可用汽车经绵阳—魏城—刘家等线路的乡级公路运至渠首，再整修 1.8 千米的施工场内道路，即可保证施工运输需要。

三、天然建筑材料开采条件

1. 条块石开采条件

工程区内可供开采的石料主要为长石英砂岩层，质地坚硬，抗风化力强，主要分布于傍山地带，呈狭长形，有供开采的临空面，距建筑物较近，开采运输条件较好，但有部分产地需占用耕地，部分产地覆盖层厚度较大，为开采的不利因素。

2. 砂、砾石骨料开采条件

砂、砾石骨料来源于涪江中游沈家坝或三台县永明河坝和石马武引工程砂石料场，距渠线 32～41 千米，均有公路通到渠首和渠尾。

3. 主要商品材料供应条件

钢材由绵阳市物资局提供，水泥由石马水泥厂供应(川马牌)，木材来源于绵阳市木材储运处，炸药来自绵阳市新桥化工厂新皂炸药仓库。

四、主体工程施工

1. 明渠施工

陡嘴子农渠底宽 0.4 米，渠道深为 1.0 米，口宽 1.2 米，基础土石方开挖

3 400.6 立方米，土石方回填 938 立方米，砼现浇 396 立方米，浆砌条石安砌 58.1 立方米，砼预制板渠槽安砌 3 300 米。

2. 基础开挖

按设计断面对基础进行人工开挖。

浆砌条石及砼预制板渠槽。

明渠所需条石、块石储放在开采料场，所需砼预制板渠槽储放在各集料点，按施工进度用。

小四轮拖拉机直运施工现场，人工安砌。

3. 施工总进度

根据建设单位意见，陡嘴子村农渠建设总工期为 4 个月，其中准备工作时间为 1 个月。

五、预算编制

1. 预算编制原则及依据

编制原则及依据如下：

水利部水总(2002)116 号文颁发的《水利工程设计概(估)算编制规定》；

建筑工程单价编制采用水利部水总(2002)116 号文颁发的《水利建筑工程概算定额》；

机械台班费用编制采用水利部水总(2002)116 号文颁发的《水利工程施工机械台时费定额》；

安装工程采用水利部水建(1993)63 号文颁发的《中小型水利水电设备安装工程概算定额》；

采用预算定额编制概算单价时，定额扩大系数为 5%。

2. 基础资料

1) 人工工资预算单价

根据工程规模，本工程采用三级以下专业施工队伍施工，其人工预算单价为工长 7.10 元/工时，高级工 6.66 元/工时，中级工 5.62 元/工时，初级工 3.04元/工时。

2) 主要材料及地方材料预算价格

进入工程的主要材料及地方建材预算价格，按 2008 年第 3 季度工程主要材料当地市场价加计运杂费等费用后进行计算，价差计入税金后列入相关部分。

3) 施工用水用电单价

根据施工组织设计提供的资料，本工程施工用水单价为 1.5 元/立方米，施工用电单价为 0.63 元/千瓦时。

4）预备费

本工程项目不计取预备费。

3. 工程投资概算

本工程概算总投资为38.6万元

（资料来源：绵阳市游仙区扶贫办）

三、村干部交流工作心得

（一）村主任参加UNDP灾后重建经验交流会议发言（2011年3月20日）

尊敬的UNDP项目专家、各位领导，你们好！

我来自四川省绵阳市游仙区白蝉乡陡嘴子村，按照会议安排，现将陡嘴子村开展灾后重建工作的情况向你们汇报如下。

1. 基本情况

陡嘴子村是游仙区较为典型的丘陵区农业村庄，距本乡场镇不足1千米，全村有7个村民小组，249户，759人（截至2009年1月）。在5·12汶川特大地震中，全村759人受灾，162户房屋严重损毁需要重建，87户房屋受损需要维修加固，村内生产生活基础设施均受到不同程度的损坏，村级文化活动中心（村级办公场所）严重损毁已无法使用，全村直接经济损失达1 400万元，全村因灾返贫139户，是游仙区受灾严重的村庄之一。陡嘴子村被国务院扶贫办确定为全国贫困村灾后恢复重建试点村。

2. 灾后重建情况

在党中央国务院的关心下，在各级各部门的帮助下，在UNDP的无私援助下，按照“科学规划、整合资源、全民参与、产业优先”的重建原则，陡嘴子村轰轰烈烈地掀起了灾后恢复重建的高潮。

1）自力更生，快速推进农房重建

在当地党委政府的领导下，按照安全、经济、适用、提升的原则，陡嘴子村干部群众不等不靠，自力更生，率先开展了农房重建。截至2009年底，全村162户重建户全部建成新房并搬入新居；87户加固户全部加固，加固房屋面貌焕然一新。

2）整合资源，统筹抓好基础设施重建

白蝉乡党委政府，陡嘴子村党支部、村委会紧紧抓住陡嘴子村作为全国贫困村灾后恢复重建试点村的建设机遇，倾听民意，科学规划，整合资源，强化监管，村民自治，保证质量，全面统筹抓好陡嘴子村基础设施恢复重建工作。

灾后重建以来，陡嘴子村争取到各类项目 8 个：一是新农村扶贫项目 50 万元；二是全国贫困村灾后恢复重建试点村建设项目两期 100 万元；三是村级文化活动中心（村级办公场所）项目 32 万元，四是国家贫困村以工代赈项目 60 万元；五是人饮工程项目 30 万元；六是农村机耕道建设项目 20 万元；七是农村沼气池建设世界银行贷款项目 100 口 35 万元；八是集中安置点建设项目 30 万元。在这里，我要代表陡嘴子村特别感谢 UNDP 及所有专家，你们通过国家扶贫办、国家住建部等部门无私援助我们，为我们提供了贫困村建设、村级文化活动中心建设、灾后生计可持续发展等多个项目，各类援助资金达83.5 万元，这些资金对我们建设灾后美好新家园犹如雪中送炭，谢谢你们！

通过多方努力，截至目前，陡嘴子村项目建设取得突破性进展，主要项目已经投入使用，群众非常满意。在水利建设上，新开挖并硬化武引农渠 4.5 千米，安装导洪管 150 米，新挖塘埝 4 口，精修 2 口，开挖并硬化夏湿田排湿沟渠 3.3 千米，维修武引农渠 2 千米、山坪塘 9 口、石河堰 1 处。在道路建设上，修建村组水泥道路 6 千米，修建碎石路 4 千米，修建入户道路 2 千米，修建机耕道 2 千米、集中点道路 200 米。在生活设施建设上，新挖卫生井 100 余口，恢复改造卫生井 120 口，新建沼气池 100 口，恢复改造沼气池 80 余口，改厨改厕 170 户，完成了 40 户人饮工程建设，全村实现电话入户率达 100%，有线电视覆盖率 100%，广播网覆盖率 100%，供电入户率 100%。村级文化活动中心（村级办公场所）主体竣工，年底投入使用。新建养兔产业基地一处，培植养殖大户 30 户，有效增加了群众的收入。

3）改善环境，提升素质，抓好村庄环境综合整治

一是科学规划，统一风格，确保重建农房安全、经济、美化；二是对重建农房外装和农房加固统一要求，体现新农村建设风貌；三是建设优美环境，对地震灾害废墟和倒塌房屋进行清除，确保复垦还耕；四是以城乡环境综合整治为载体，动员群众清除道路两旁、房前屋后乱堆乱放的柴草杂物、垃圾及乱搭乱建的附属设施，普及健康常识，提高村民素质，全面改善村民的生活环境。陡嘴子村已经成为白蝉乡灾后农房重建和城乡环境综合整治工作的示范村。

3. 几点措施

为了确保灾后重建顺利推进、项目建设成功，充分发挥项目效益，在各级各部门的关心帮助下，在我们当地党委政府的领导下，我们采取了以下措施来抓好项目建设。

一是充分尊重民意，让群众自己决定该建设什么，先建设什么，群众该怎样参与。二是坚持科学规划，在多次实地调研和征求专家意见的基础上，制定了游仙区陡嘴子村灾后重建总体规划、游仙区陡嘴子村灾后重建实施方案，确

保项目安排科学、合理。三是整合资源，打捆项目，在项目资金安排上、设计上、建设上、监管上全面统筹，实现项目互补，最大限度发挥项目效益，最终利民惠民。四是坚持村民自治，全民参与。通过采取"一事一议"的方式，村民适度投劳投资，积极参与项目监管，保证项目质量，共建美好家园。五是强化监管、严格程序，陡嘴子村所有灾后重建项目均按照省、市、区灾后重建项目招投标管理办法规定进行了招投标，乡、村两级成立了项目监督小组，对项目的科研设计、招标代理、监理、建材质量和施工程序等各阶段程序进行了全程监督，确保项目建设公正透明，在项目建设进度上实行日汇报制度，确保工程按期完工。

尊敬的各位专家、各位领导，陡嘴子村在你们的关心帮助下，已经发生了翻天覆地的变化，生产生活环境得到巨大改善，人民安居乐业，生活蒸蒸日上，陡嘴子村村民会永远铭记你们的关心、关怀和无私援助。在此我代表全体村民向你们表示最衷心的感谢，祝你们身体健康，工作顺利，万事如意，欢迎、期盼你们到陡嘴子村来做客。我们将坚定信心，继续努力，为陡嘴子村的美好明天奋发图强，再创辉煌。

谢谢!

（二）村主任述职报告（2011 年 1 月 12 日）

陡嘴子村村主任　齐　瑞

尊敬的各位领导、尊敬的父老乡亲们！大家好！

时间过得很快，转眼间三年已经过去了，又迎来了换届选举。我担任村主任已经三年了。但这三年不是平凡的三年，我们经历了百年未遇的汶川大地震、山洪、泥石流、雪灾等各种自然灾害。几年来，在各级领导和群众的关心支持下，我渐渐地适应了本村的工作和生活环境，以饱满的热情投入到具体的农村工作当中。通过三年的工作，自己各方面素质都有了较大的提高，扎根基层、服务社会的意识得到增强，基层工作经验有所增加。在此我首先要感谢一直以来关心、帮助和耐心培养我的白蝉乡党委、政府的各级领导们！其次我要感谢几年来给予我信任、支持、理解和配合的白蝉乡陡嘴子村的全体父老乡亲们！正是有了你们的帮助，我三年来的工作得以顺利开展。社会事业蓬勃发展，陡嘴子村发生了翻天覆地的改变，在此我向在座的各位鞠上深深地一躬：谢谢你们了！

今天按照会议安排，我将三年来的工作向各位父老乡亲做如下汇报，如有不对之处敬请在座的各位批评指正。

自担任村主任几年来，我不断提高自己的思想认识，努力提高自己的业务水平和工作能力，时刻牢记全心全意为人民服务的宗旨。在平时的工作之余，加强自身的政治理论知识学习，坚持学习党和国家的各项方针、政策，并学会了电脑操作技术，在村工作的几年里，我深刻明白了站在老百姓立场看问题的重要性。在平时的工作中，时刻念叨多为老百姓办好事、办实事、解难题，解决人民群众最关心最直接最现实的问题，努力做到情系人民、发展为人民。在日常工作中虚心向老同志学习，主动向他们请教工作方法，虚心听取他们的批评和建议，借鉴他们的工作经验。几年来，通过与他们的深入交流，让我懂得了如何在村里开展工作，如何处理各种关系等。作为一名普通的村干部，在基层工作，一定要有热情的工作态度和平和的心态，在农村遇到的事情往往是具体、复杂、零碎、烦琐、枯燥的，需要正确认识自己，提高自我认知能力，善于自我总结和注重工作经验的积累。我认为，当村干部，必须以廉为本。三年来，我始终坚持加强廉政建设，提高自律意识。平时严于律己，自觉服从村党支部的总体安排，密切配合党支部工作，努力增强责任意识，时刻牢记权力是人民赋予的，忠实为人民办事。村里的重大事项决策，坚持民主集中制原则，做到公开、公正、公平，充分尊重人民的意愿。

1. 工作方面

1）社会事业方面

地震后村里的日常工作十分繁重，灾后重建任务很紧，农民困难较多。几年来我村党支部、村委会在搞好灾后农房重建的同时，积极向上面争取国家项目支持，紧紧抓住陡嘴子村作为全国贫困村灾后恢复重建试点村的建设机遇，广泛倾听民意，科学规划，整合资源，强化监管，村民自治，保证质量，全面统筹抓好陡嘴子村项目建设工作。

灾后重建以来，陡嘴子村争取到各类项目 7 个，一是新农村扶贫项目 50 万元；二是全国贫困村灾后恢复重建试点村建设项目两期 100 万元；三是村级文化活动中心（村级办公场所）项目 32 万元，四是国家贫困村以工代赈项目 60 万元；五是人饮工程项目 30 万元；六是农村沼气池建设世界银行贷款项目 100 口 35 万元；七是 UNDP 援助建设项目 83.5 万元。在此同时引导全村广大党员干部群众加快农村经济结构战略性调整。优化种植业、主攻畜牧业、巩固养蚕业，积极发展农村第二、三产业，推进农业产业化经营。在搞好灾后重建的项目实施的同时，各项农业生产目标任务圆满完成，召开多次群众大会，积极动员大力发展养殖产业，从而保证农民多渠道增收。积极争取项目，努力为本村群众的发展勇闯出路。面对农业基础设施薄弱的情况，组织全村党员干部群众，利用项目和群众“一事一议”新修组道路 3.3 千米，解决了群众的行路难问题。新挖精修塘堰 2 口，新增蓄水 20 000 余立方米，修建武引农渠 4.5

千米。夏湿田改造河道清淤硬化3000米，今年又争取到了国家项目，新开挖了四组至七组的武引农渠3千米，解决了四组、五组、七组的旱湾死角用水难的问题。新安装了自来水管网5 000米，使清洁干净的自来水进入普通农户家。全村天然气管网已全面贯通，安装入户使用天然气90余户。所有项目都是在村党支部、村委会的积极争取和协调下顺利实施的。村容村貌发生翻天覆地的变化。群众生活生产条件明显改善，群众受益很大。通过各种会议的宣传和与个别群众座谈沟通，更新了群众思想观念，认识到农民必须用先进的农业科技技术武装自己，克服小农意识，增强农民市场意识、开放意识、发展意识，不断增强农民在市场经济条件下艰苦奋斗、脱贫致富的本领。

2）精神文明建设方面

（1）认真开展了学习实践科学发展观、邓小平理论、“三个代表”等活动，不断地提高了自身的思想意识。深入持久地开展意识形态领域反分裂斗争，加强马克思主义民族观、历史观、宗教观，党的民族宗教政策和反分裂斗争的宣传，干部群众受教育面达到100％。按照乡党委的统一安排部署，认真开展“加强民族团结、反对民族分裂”集中教育活动，使广大党员干部群众牢固树立“三个离不开”思想。大力开展群众性精神文明创建活动，丰富了群众的文化娱乐生活，积极参加乡党委组织的“七·一”唱红歌联欢会，弘扬爱国主义。

（2）积极推进依法行政，坚决维护社会稳定。今年我们认真开展“五·五”普法工作，落实依法治村工作，严格控制影响社会稳定的重大案件，有效遏止了危害国家安全的案件发生，严厉打击“三股”势力，加强了对流动人口、重点人口的管理，狠抓落实，依法加强对宗教事务的管理，今年未出现非法宗教活动，有效维护了我村改革发展稳定的良好局面。

几年来全村圆满完成了乡党委、政府临时下达的各项任务，保证了我村经济及各项社会事业全面、健康、有序的发展。

综上所述，在陡嘴子村几年的工作中，能够根据上级的要求结合本村的实际情况，圆满完成每年初制定的各项目标任务，维护了改革发展稳定的大局，保证了农业发展、农民增收、农村稳定，经济及各项社会事业取得了全面发展，为我村全面建设小康社会奠定了坚实的基础，但仍存在一些不足之处，我将在今后的工作中，以“三个代表”重要思想为指导，认真学习实践科学发展观，坚持“以人为本，勤政为民”，始终保持戒骄戒躁、谦虚谨慎的作风，继续发扬优点，不断完善，从而更好地为全村人民造福。

2．存在的问题

结合自己平时的学习和工作，我对自身存在的问题进行了剖析，存在的问题主要有以下几个方面。

一是对农民关心不够。在日常工作中，与他们思想交流少，不能及时了解他们的意愿与想法，不能从他们中吸取有益的思想和工作方法。有时，性格过于直率，方法比较简单，工作创新不够，战斗力、凝聚力、号召力不强。二是服务意识不够强，为农民办实事、解难事的标准不够高。整天忙于繁杂的事务性工作，对农民的思想、工作、状况了解不够，不能及时发现问题和分析存在问题的原因。三是管理存在规章制度落实不到位、有章不循的情况。四是接待农民不够耐心、细心，尤其在处理农民咨询问题时，存在厌烦情绪，有时对咨询问题的解答不够热情细致，对待农民反映的问题和提出的要求，有时简单粗暴。在此。我向各位村民说声“对不起！请你们原谅！”

尊敬的领导、各位村民，以上所述是本人任职几年的工作概述，所有的成绩与上级党委政府的正确领导，广大群众的支持、理解和配合是分不开的。在此我向大家表示真诚的感谢，并借此机会给大家拜个早年，并祝你们新年快乐、万事如意，心想事成！身体健康！这次的简单述职，谢谢你们的认真倾听，如有不当之处敬请批评指正。

谢谢大家！

四、陡嘴子村 2011—2016 年农村发展规划

5·12 汶川特大地震后，游仙区白蝉乡陡嘴子村被国务院扶贫办确定为全国贫困村灾后恢复重建试点村，在上级部门的关心下，灾后恢复重建工作进展顺利，为了进一步提升灾后恢复重建水平，结合社会主义新农村建设，按照中央提出的“生产发展，生活富裕，乡风文明，村容整洁，管理民主”总体目标要求，结合陡嘴子村的实际情况，制定本村的灾后恢复重建社会主义新农村五年发展规划。

一、基本情况

陡嘴子村位于绵阳市东部，距白蝉乡政府所在地 1 千米，是典型的丘陵村庄，本村现有农户 249 户，分 7 个村民小组，总人口 759 人（截至 2009 年 1 月），村民居住相对集中。全村林地面积 1 644 亩，水资源面积 200 亩，耕地面积 1 150 亩，其中水田面积 450 亩，旱地面积 700 亩，人均耕地 1.51 亩。主要种植水稻、玉米、小麦、油菜、红薯、花生、大豆、蚕桑等农作物，基本上达到多元化农业。村内供电、通信、道路、人饮等各项基础设施基本齐全，村民住房 100%为砖混结构的平房或楼房，移动电话覆盖率达 80%以上。饮用自来水受益率达到 90%以上，文化、教育、卫生、计划生育、社会保障事业迅速发展，基本普及义务教育。

（一）经济发展情况

种植业方面，陡嘴子村主要种植水稻、玉米、小麦、油菜、红薯、花生、大豆、蚕桑等农作物，基本上达到多元化农业。其中蚕桑为本村龙头产业，种植户达90%，全村年种植面积达600亩，年养蚕2 500～3 000张，年总产茧量106 400千克，年产值150万～170万元；养殖业方面，全村100%的农户都养有小家禽，每户年养鸡数量在50～200只不等。养猪主要以家庭散养为主，不具有发展壮大规模。本村农民的经济来源主要以常规农业种养收入及外出打工收入为主，2007—2009年全村外出打工流动人口达190多人，全村年人均纯收入为3 600多元。

（二）村委班子建设情况

目前，村党支部和村委会共有成员3名，2007年"两委"换届选举任用了有较高文化水平的年轻干部。领导班子有较强的战斗力。村"两委"班子成员配合默契，干实事，谋发展，积极引导群众发展种植业和养殖业，采取多种措施，帮助全村百姓脱贫致富，干群关系融洽，百姓和睦共处，社会稳定，经济呈发展态势。同时，村"两委"班子还积极开展精神文明建设和党员队伍建设，积极组织群众参加镇、县举办的各种有益的群众文艺活动，极大地活跃了农村文化市场。

二、指导思想

以邓小平理论和"三个代表"重要思想为指导，牢固树立和全面落实科学发展观，围绕"生产发展、生活宽裕、乡风文明、村容整洁、管理民主"的要求，以发展经济为中心，以增加农民收入为核心，以环境整治为切入点，以提高农民素质为重点，协调推进经济建设、政治建设、文化建设、社会建设和党的建设。大力改善农民生产生活条件，达到"产业发展形成新格局，农民生活实现新提高，村风民俗倡导新风尚，村庄面貌呈现新变化，村容治理健全新机制"的总体目标，把陡嘴子村建设成为经济繁荣、社会和谐、环境优美、文明发展的灾后恢复重建新农村样板村。

三、基本原则

——政府引导，村民自愿。建设新农村的主体是广大农民群众，要充分尊重农民的意愿，本着"量力而行，实事求是"的原则，不讲空话、大话，从群众最愿意、最迫切需要而又能做成的事做起，发挥农民的主体作用，引导农民自主建设、自我管理，最大程度的调动农民群众的积极性。

——因地制宜，突出特色。立足陡嘴子村特点，突出区域特色、产业特色，有针对性地编制与当地条件相适应的建设规划。

——注重实效，先易后难。要尊重客观规律，充分考虑承受能力，从农民群众最关心、最易接受的地方入手，把阶段性目标与长远目标有机地结合起来。

——突出重点，整体推进。要以改善村民最迫切需要的基本生产条件为重点，以“三清四改五治”为抓手，按照统一的部署和规划，突出重点，以点带面，扎实推进，务求实效。

——创新机制，务求实效。根据建设的类型、性质和特点，积极创新资金投入机制，拓宽资金来源渠道，广泛吸引社会资产投入到新农村建设，凡是能够实行市场化运作的，都要引入市场机制。

四、主要目标

按照“一年有起色、三年见成效、五年上台阶”的目标，2010 年规划起步实施，2011—2014 年全面推进，2014—2016 年完善提高。到 2016 年，使陡嘴子村达到“八化”的目标，即经济强化、道路硬化、环境洁化、居住舒适化、服务社会化、管理民主化、农民知识化、村风文明化。

——经济强化。加快推进农业产业化和社会服务业；充分利用桑林资源增加农民经济收入；加大农田基础设施建设，使农田基础设施建设完成率达到 95%以上；发展壮大蚕桑产业、肉兔产业。促进强村富民，夯实新农村建设的产业支撑，争取到 2016 年，农民年人均纯收入达 8 000 元，年均增长 5%～10%。

——道路硬化。在目前道路硬化的基础上，村内所有主要干道、组道、入户路及村内主要活动场所地面实现全部硬化。

——环境洁化。逐步实现人畜分离居住，在村内村民居住集中的地方修建多个垃圾池，实现垃圾统一收集处理，做到每户畜禽圈养，村庄内外无乱搭乱建、乱堆放现象。

——居住舒适化。村主要干道两侧、村委会、沟塘周围实现绿化、美化。正确引导村民按规划布局改造现有住房结构和布置或建设新型住房；完成全村 90%以上的“一池三改”（建沼气池、改圈、改厕、改厨）工作。沼气等清洁能源普及率达到 85%左右；电话（含移动电话）普及率达到 90%以上；有线电视入户率达到 100%。宽带信息网、家用电脑普及率达到 40%以上。

——服务社会化。农民新型合作医疗参保率达 95%以上，落实最低生活保障政策，实现老有所养、病有所医、弱有所助、贫有所济。

——管理民主化。加强村“两委”班子建设，团结协调，村党组织达到“五个好”要求。全村实现在陡嘴子村党支部领导下的民主自治，各项管理制度健全，使农民的知情权、参与权、管理权、监督权得到有效保障，做到社会稳定、治安良好，村民对社会治安的满意度达到 90%以上。

——农民知识化。使现有劳动力每年参加技能培训的时间不少于10天，75%以上适龄农民成为有知识、有专长、懂经营、会服务的新型农民。争取有35%以上的农村劳动力转移到第二、三产业就业。

——村风文明化。建立一处农民体育休闲活动中心，修建或完善村级娱乐设施，如篮球场、文化活动室等；修建戏台，开展经常性、丰富多彩的文化活动，丰富村民农闲时节的乡村文化生活，使村民道德和文明程度得到全面提高。

五、建设的主要任务

（一）发展村级经济，壮大村级收入

由于长时间受农业占主导地位的影响，陡嘴子村集体经济收入较为薄弱，"农业强村"、"产业富民"是陡嘴子村今后发展的必由之路，必须实行以农业主导型为主，同时，不断发展壮大第二、三产业，推进社会主义新农村建设。为确保村域经济逐年增长，必须抓好以下三个方面的发展。

1. 加大招商引资、发展村办企业力度

加大招商引资力度，把招商、引商、务商作为本村的头等大事来抓。利用本村现有的优势，多引进一些企业，通过招商发展村级经济。同时积极争取各方面资金，推进民营企业的发展。

2. 大力发展劳务产业

全村现有劳动力比较丰富，从事农业生产的占80%，在外地务工，从事个体私人企业、经商的占20%，从事第一产业的人数多于第二、三产业。全村存在大量的剩余劳动力，把剩余劳力转移到第二、三产业是增加农村收入的根本方法。通过与企业人事部门联系，与县、镇劳务部门联系，加大劳动力转移力度，使全村35%以上的富余劳动力转移到第二、三产业就业。

3. 大力发展现代农业

扩大农业基础信息服务，加强市场调研，强化产前产后信息指导，实现订单农业；加大农业产业结构调整力度，大力发展养蚕产业、养兔产业，逐步推广壮大种植养殖规模，走适度规模经营的路子，形成种植养殖基地和生产基地。同时政府要对典型大户给予重点扶持，全方位服务。

（二）加快村级基础设施建设

1. 加强道路硬化建设

按照村内道路先主干、后次干的要求，逐步实现屯道、巷道及村内主要活动场所全部硬化。

2. 加强水利、道路基础设施建设

在粮食种植区，完善水利设施和田间道路，逐年完善全村水利渠的三面光，解决灌溉用水问题；在重点的种植区域修建田间道路，解决群众下田作业行路难问题。

3. 加强村内卫生生活设施建设

村内新建卫生公厕3～5个，农户自建生态环保厕所使用率达到100%。新建垃圾投放点6～10个。能源建设主要以沼气池和太阳能热水器为中心，配合沼气工程，进行改圈、改厕、改厨，形成以户为单元的"畜—沼—菜"农业生态种养模式，从根本上解决农村能源需求和环境"脏、乱、差"问题，达到人畜分离、方便卫生、节约能源、保护生态和改善环境的效果。

4. 加快社会事业发展

建设1 500平方米的村级活动场所，其中建有图书室、电教室、文化活动室、群众健身活动场所等。建立村民最低生活保障制度和养老保险制度，完善困难户、五保户的救助制度。农村新型合作医疗参保率达95%以上。

（三）美化村容村貌

全面开展美化村容村貌的工作，重点是：清垃圾、清路障、清沟渠的"三清"；改水、改厕、改圈、改厨的"四改"；治理乱建乱搭、柴草乱垛、庭院乱挂、畜禽乱跑、污水乱流的"五治"。建立卫生督查小组，营造人与自然和谐相处的环境。

（四）培育新型农民

1. 积极开展精神文明各项活动

认真贯彻落实公民道德建设纲要，开展以"八荣八耻"为主要内容的社会主义荣辱观教育，树立先进的思想观念和良好的道德风尚。引导村民崇尚科学、抵制迷信、移风易俗、破除陋习，提倡科学健康的生活方式，形成文明向上的农村新风气。

2. 提高农民素质

加强对农民特别是村委、组干部、专业农户、农民专业合作经济组织骨干、农村经纪人适用农业技术、职业技术、科学文化知识和法制知识的培训，使现有劳动力每年参加技能培训的时间不少于10天。通过培训，让农民真正掌握一两门先进适用的农业技术，75%以上的适龄农民成为有知识、懂经营、会服务的新型农民。

（五）推广新技术，提高种植技术

按照"便捷、易行、实用、经济"的原则，推广农民易接受、使用效果好的种植、防虫防病等方面的技术，开展测土配方施肥，大力推广生物农药，加强环境保护，开展农产品质量安全监测，积极发展绿色农产品，打造陡嘴子村生态农业绿色品牌。

(六)加强民主政治建设

1. 建立新农村建设民主理事会

由理事会动员,发动农民参与新农村建设,制定理事会章程,引导农民自我教育、自我服务、自我管理、自我监督、逐步完善新农村建设的长效机制。

2. 建立“三公开”和“一事一议”制度

建立“村务公开、政务公开、财务公开”制度和农民的“一事一议”制度,扩大农民对建设社会主义新农村的知情权、参与权、管理权和监督权。使农民对“村务、政务、财务”公开的满意率达到98%以上。

3. 加强村级基层组织建设

村党支部要发挥新农村建设的领导核心和战斗堡垒作用,努力按照党的先进性要求,加强党的组织和党的先进性建设,增强带领群众建设新农村的凝聚力、战斗力、创造力,继续将创建“五好”党支部“三级联创”、“双培双带”先锋工程等作为加强组织建设的重要载体。充分发挥村委会、共青团、妇代会、民兵组织、治保组织、调解员等的作用,为新农村建设提供坚强的组织保证。

4. 加强民主法制建设

新农村建设涉及农民的切身利益,会出现各种矛盾,因此,必须加强民主法制教育,成立新农村建设监理会组织,把各种矛盾纠纷化解在基层,确保新农村建设中农民利益不受侵犯。同时加强社会主义治安综合治理力度,积极开展“文明村”、“平安村”创建活动,构建安全、和谐的社会环境,使农民的满意率达到95%以上。

六、保障措施

1. 加强领导

首先各级政府要重视,村成立以党支书记为组长、村委会主任为副组长的新农村建设工作领导小组,明确各自职责,落实责任,各相关部门积极配合齐抓共管,制订年度推进计划,突出重点,狠抓落实,确保新农村建设顺利进行。

2. 科学规划

按照科学发展观的要求,“科学规划、合理布局、因地制宜、分类指导、逐步实施、逐步到位”的原则,在建设过程中严格按照统一规划、统一用地、统一施工、统一配套的总体要求进行建设。

3. 广泛宣传

采取不同形式,营造舆论氛围,使新农村建设的目的、意义、主要内容、目标要求及具体措施家喻户晓,深入人心。尊重农民意愿,发挥农民的主体作用,激发广大农民的积极性、主动性和创造性,引导和动员广大群众自觉地投身到新农村建设中。

4. 加大投入

各级政府在物质、资金上要加大投入，村委班子要在全面落实上级支农、惠农政策的同时，积极编报项目，争取各级财政的支持。鼓励在外能人捐资捐物回村参与新农村建设，同时，鼓励引导农民投资、投劳。

CANKAO WENXIAN...

参考文献

[1] 叶敬忠,刘燕丽,王伊欢. 参与式发展规划[M]. 北京:社会科学文献出版社,2005.

[2] 黄承伟,(德)彭善朴.《汶川地震灾后恢复重建总体规划》实施社会影响评估[M]. 北京:社会科学文献出版社,2010.

[3] 黄承伟,向德平. 汶川地震灾后贫困村救援与重建政策效果评估研究[M]. 北京:社会科学文献出版社,2011.

[4] 黄承伟,陆汉文. 汶川地震灾后贫困村重建进程与挑战[M]. 北京:社会科学文献出版社,2011.

[5] 刘坚. 中国农村减贫研究[M]. 北京:中国财政经济出版社,2009.

[6] 郑杭生. 社会学概论新修(精编版)[M]. 北京:中国人民大学出版社,2006.

[7] 赵曦. 中国西部农村反贫困模式研究[M]. 北京:商务印书馆,2009.

[8] 国务院扶贫办贫困村灾害恢复重建工作办公室. 汶川地震灾后贫困村恢复重建简明读本[M]. 北京:中国财政经济出版社,2010.

[9] 国务院扶贫办贫困村灾害恢复重建工作办公室. 汶川地震灾后贫困村恢复重建培训教材[M]. 北京:中国财政经济出版社,2010.

[10] 国务院扶贫办贫困村灾害恢复重建工作办公室. 汶川地震灾后贫困村恢复重建指导手册[M]. 北京:中国财政经济出版社,2010.

[11] 国务院扶贫办贫困村灾害恢复重建工作办公室. 灾害对贫困影响评估指南[M]. 北京:中国财政经济出版社,2010.

[12] 艾尔·巴比. 社会研究方法[M]. 10 版. 邱泽奇,译. 北京:华夏出版社,2005.

[13] 安东尼·哈尔,詹姆斯·梅志里. 发展型社会政策[M]. 罗敏,范酉庆,译. 北京:社会科学文献出版社,2006.

[14] 埃莉诺·奥斯特罗姆,拉里·施罗德,苏珊·温. 制度激励与可持续发展[M]. 陈幽泓,谢明,任睿,译. 上海:生活·读书·新知三联书店,2000.

[15] 詹姆斯·C.斯科特.国家的视角——那些试图改善人类状况的项目是如何失败的[M].王晓毅,译.北京:社科文献出版社,2004.

[16] 郭岚.汶川大地震灾后恢复重建社会援助的路径障碍与对策[J].经济体制改革,2009(5).

[17] 韩国民.西部地区参与式扶贫与农民专业合作社发展的互动研究[J].农村经济,2009(10).

[18] 林毅夫.关于社会主义新农村建设的几点建议[J].北方经济,2006(5).

[19] 李小云.反贫困中的制度创新——有关贫困社区及群体的参与问题[J].中国扶贫论文精粹,2001.

[20] 李兴红,陈怀叶.参与式扶贫模式的运行机制及绩效评价[J].开发研究,2008(2).

[21] 冯广宏.中国古代灾后重建的举措及经验[J].西华大学学报:哲学社会科学版,2008(6).

[22] 黄承伟.开展"灾害风险管理与减贫的理论及实践研究"的理论分析框架[J].中国扶贫,2010(23):64-65.

[23] 黄承伟.加强汶川地震灾后贫困村恢复重建案例研究[J].中国扶贫,2010(19):90-91.

[24] 符平.贫困村灾后重建中的社会资本问题[J].人文杂志,2010(2).

[25] 汪力斌.参与式扶贫干预下的瞄准与偏离[J].农村经济,2010(7).

[26] 王书斌.丘区腹地的奇迹——绵阳市游仙区白蝉乡农民蚕业合作社的情况调查.四川省农业科学院,http://www.chinawestagr.com/yb/showcontent.asp?id=3786

[27] 杨小柳.参与式扶贫的中国实践和学术反思——基于西南少数民族贫困地区的调查[J].思想战线,2010(3).

[28] 徐勇."政策下乡"及对乡土社会的政策整合[J].当代世界与社会主义,2008(1).

[29] 徐勇.社会动员、自主参与与政治整合——中国基层民主政治发展60年研究[J].社会科学战线,2009(6).

[30] 张永丽.新农村建设:机制、内容与政策——甘肃省麻安村"参与式整村推进"扶贫模式及其启示[J].中国软科学,2007(4).

[31] 曹洪民.中国农村开发式扶贫模式研究[D].北京:中国农业大学,2003.

[32] 黄海燕.发展项目的公众参与研究[D].南京:河海大学,2004.

[33] 张宏.欠发达地区参与式扶贫开发模式研究[D].兰州:兰州大学,

2007.

[34] 四川省扶贫办.全国贫困村灾后恢复重建试点总结暨培训会议经验交流材料之四川省贫困村灾后恢复重建试点工作情况[R].2010-03.

[35] 张洪英,刘彬钰,杨理崙,等.绵阳市游仙区陡嘴子村参与式脆弱性分析与规划报告[R].2009-04-03.

[36] 黄承伟.汶川地震灾后贫困村恢复重建的成效与挑战[R].北京:灾后重建与扶贫开发国际研讨会,2010-05.

[37] 黄承伟.参与式培训的理念和方法[R].兰州:灾后重建研讨会,2009-12.

[38] 黄承伟.贫困村灾后恢复重建的妇女参与[R].兰州:灾后重建研讨会,2009-12.

[39] DFID. Eliminating World Poverty:A Challenge for 21st Century[M]. London:Department for International Development. 1997.

HOUJI …

后 记

陡嘴子村个案研究过程比较长，到现在为止，终于有了一个比较正式的文本呈现在这里。从 2009 年 11 月中旬开始，个案调查人员便进入村庄进行考察，到 12 月中旬离开，在差不多一个月的时间里，与陡嘴子村的村民和干部都结下了很深的感情。住在村子里，能够切实地体会到村民参与灾后重建的热情和村民的智慧，正如寄宿在陡嘴子村四组未大娘家所感受到的热情一样。虽然经过改革开放和市场经济发展的历程，村庄留守人员在结构上严重不协调，很多农村村民都呈现出原子化的个体特征，但在经过地震灾害之后，很多劳动力都回家来建房子，在“政策下乡”激励下，村民都重拾信心并开始重建家园。经过政策援助和外部资源、观念的输入，陡嘴子村村民的参与能力有很大的提高，这些都值得去总结和思考。2010 年 7 月，第二次来到陡嘴子村时，村民们都在忙着卖蚕茧，听二组的村民说当年养蚕还不错，能赚钱。村民们都在忙着买小蚕，准备养秋蚕。在当时已经找不到地震灾害带给村庄的破坏痕迹，到处是砖房，村道全部硬化，俨然一幅新农村的景象。

这里要感谢很多人对本个案研究的帮助。特别要感谢绵阳市扶贫办和绵阳市游仙区扶贫办的工作人员，他们在灾后重建工作与日常工作的繁忙之中抽出时间与我们交流灾后重建的工作经验与贫困村灾后重建、持续发展中的扶贫工作心得。其次还要感谢白蝉乡的乡党委书记刘书记和张乡长，他们在乡镇工作中有很多宝贵的扶贫工作经验值得我们去总结与思考。再次就是要感谢陡嘴子村的三名村委会成员——邓大伟书记、齐瑞村长(村主任)、严茂华主任(妇女主任)，没有他们的鼎力相助，我们难以在村子里和村民很快地建立起信任关系，而且他们的工作本身也是本研究需要进行考察与思考的研究对象。最后，需要感谢的是在陡嘴子村生活的一个月时间里，悉心照顾和帮助调查人员的村民未大娘，未大娘是村庄的热心人，在地震之前，村里的基础设施建设常常得到未大娘的帮助和支持，在研究过程中她也给我们提供了很多宝贵的建议。

陡嘴子村的个案研究到这里也许只是刚开了个头。从学术的角度来说，更希望看到一个个案历时性的研究，虽然在政策、援助等变量的影响下，村庄重建与发展都取得了大的飞跃，但是在这些变量影响程度减弱之后，促进村庄发展的则应该是制度性的外部激励和组织化、程序化的本土参与力量的合力推动，也许，这就是本研究只开了个头的原因。